国家出版基金项目
NATIONAL PUBLICATION FOUNDATION

DRC

国务院发展研究中心研究丛书2022

陆　昊　主编

# 绿色低碳转型

Green and Low-carbon Transition in China

国务院发展研究中心课题组　著

中国发展出版社
CHINA DEVELOPMENT PRESS

**图书在版编目（CIP）数据**

绿色低碳转型 / 国务院发展研究中心课题组著. —
北京：中国发展出版社，2023.7（2023.9重印）
ISBN 978-7-5177-1381-4

Ⅰ.①绿… Ⅱ.①国… Ⅲ.①中国经济—绿色经济—
低碳经济—经济发展—研究 Ⅳ.①F124.5

中国国家版本馆CIP数据核字（2023）第137220号

**书　　　名：**绿色低碳转型
**著作责任者：**国务院发展研究中心课题组
**责 任 编 辑：**王　沛　贾雅楠　李　卓
**出 版 发 行：**中国发展出版社
**联 系 地 址：**北京经济技术开发区荣华中路22号亦城财富中心1号楼8层（100176）
**标 准 书 号：**ISBN 978-7-5177-1381-4
**经　销　者：**各地新华书店
**印　刷　者：**北京盛通印刷股份有限公司
**开　　　本：**710mm × 1000mm　1/16
**印　　　张：**15
**字　　　数：**171 千字
**版　　　次：**2023 年 7 月第 1 版
**印　　　次：**2023 年 9 月第 2 次印刷
**定　　　价：**76.00 元

**联 系 电 话：**（010）68990535　68360970
**购 书 热 线：**（010）68990682　68990686
**网 络 订 购：**http://zgfzcbs.tmall.com
**网 购 电 话：**（010）88333349　68990639
**本 社 网 址：**http://www.develpress.com
**电 子 邮 件：**10561295@qq.com

---

DRC
2022

# 国务院发展研究中心研究丛书

## 编 委 会

# “绿色低碳转型”
## 课题组

**课题总负责人**

马建堂　全国政协常委、经济委员会副主任，国务院发展研究中心原党组书记、研究员

**课题执行负责人**

隆国强　国务院发展研究中心副主任、党组成员、研究员

**课题协调人**

高世楫　国务院发展研究中心资源与环境政策研究所所长、研究员
常纪文　国务院发展研究中心资源与环境政策研究所副所长、研究员
郭焦锋　国务院发展研究中心资源与环境政策研究所副所长、研究员
谷树忠　国务院发展研究中心资源与环境政策研究所三级职员、研究员

**课题联络人**

李继峰　国务院发展研究中心资源与环境政策研究所气候政策研究室主任、研究员

**课题组成员**

叶兴庆　国务院发展研究中心农村经济研究部部长、研究员
王金照　国务院发展研究中心产业经济研究部部长、研究员
张　琦　国务院发展研究中心对外经济研究部部长、研究员
王　微　国务院发展研究中心市场经济研究所所长、研究员
吴振宇　国务院发展研究中心金融研究所所长、研究员
高世楫　国务院发展研究中心资源与环境政策研究所所长、研究员

肖庆文　国务院发展研究中心机关服务中心主任、研究员
冯俏彬　国务院发展研究中心宏观经济研究部副部长、研究员
何建武　国务院发展研究中心发展战略和区域经济研究部副部长、研究员
程　郁　国务院发展研究中心农村经济研究部副部长、研究员
吕　刚　国务院发展研究中心对外经济研究部副部长、研究员
常纪文　国务院发展研究中心资源与环境政策研究所副所长、研究员
郭焦锋　国务院发展研究中心资源与环境政策研究所副所长、研究员
王海芹　国务院发展研究中心资源与环境政策研究所副所长、研究员
谷树忠　国务院发展研究中心资源与环境政策研究所三级职员、研究员
宣晓伟　国务院发展研究中心发展战略和区域经济研究部二级巡视员、研究员
伍振军　国务院发展研究中心农村经济研究部第三研究室主任、研究员
高庆鹏　国务院发展研究中心对外经济研究部研究室主任
石　光　国务院发展研究中心金融研究所综合室主任、研究员
吴　平　国务院发展研究中心资源与环境政策研究所习近平生态文明思想研究室常务副主任、研究员
李维明　国务院发展研究中心资源与环境政策研究所资源政策研究室主任、研究员
洪　涛　国务院发展研究中心资源与环境政策研究所能源政策研究室主任、高级经济师
陈健鹏　国务院发展研究中心资源与环境政策研究所环境政策研究室主任、研究员
李继峰　国务院发展研究中心资源与环境政策研究所气候政策研究室主任、研究员
周　毅　国务院发展研究中心产业经济研究部研究室副主任、副研究员
杨　艳　国务院发展研究中心资源与环境政策研究所习近平生态文明思想研究室副主任、副研究员

熊小平　国务院发展研究中心资源与环境政策研究所气候政策研究室副主任、研究员
戴　慧　国务院发展研究中心宏观经济研究部三级调研员、副研究员
刘铁志　国务院发展研究中心对外经济研究部四级调研员、高级工程师
王亦楠　国务院发展研究中心资源与环境政策研究所研究员
牛　雄　国务院发展研究中心资源与环境政策研究所研究员
刘　馨　国务院发展研究中心市场经济研究所副研究员
唐　朝　国务院发展研究中心金融研究所副研究员
韩　雪　国务院发展研究中心资源与环境政策研究所副研究员
俞　敏　国务院发展研究中心资源与环境政策研究所副研究员
焦晓东　国务院发展研究中心资源与环境政策研究所高级经济师
郝春燕　国务院发展研究中心资源与环境政策研究所高级经济师
黄俊勇　国务院发展研究中心资源与环境政策研究所挂职干部

# 总　序

党的二十大报告明确指出，从现在起，中国共产党的中心任务就是团结带领全国各族人民全面建成社会主义现代化强国、实现第二个百年奋斗目标，以中国式现代化全面推进中华民族伟大复兴。中国的现代化是人类历史上规模最大的现代化，也是难度最大的现代化，必须在深刻理解和准确把握中国式现代化的理论内涵和实践要求的基础上，通过深入研究，科学回答现代化新征程中的一系列理论和实践问题。

## （一）

习近平总书记指出，“一个国家走向现代化，既要遵循现代化一般规律，更要符合本国实际，具有本国特色”。英国工业革命开启了世界现代化进程。尽管各国现代化的具体路径不同，但都遵循着人类文明进步的一般规律，也有一些共同特征。从一般规律看，成功推进现代化，必须建立符合人类进步方向、适应本国国情的社会制度；必须以科技进步为主要推动力，大力发展社会生产力；必须随着经济结构和社会结构的变化，创新国家治理和社会治理。从共同特征看，各国现代化都经历了以工业化为主要内容的经济结构转变，和以城市化为主要内容的社会结构变迁。中国式现代化既遵循了现代化的一般规律，也反映出各国现代化的共同特征。

中国式现代化更有基于自己国情的鲜明特色。习近平总书记指出，“中国式现代化是人口规模巨大、全体人民共同富裕、物质文明和精神文明相协调、人与自然和谐共生、走和平发展道路的现代化”。要把中国式现代化五个方面的中国特色变为成功实践，把鲜明特色变成独特优势，需要付出艰巨努力。

第一，我国人口规模超过现有发达国家的人口总和，中国式现代化是人类历史上前所未有的、最为波澜壮阔的现代化，也是难度最大的现代化。人口规模巨大，意味着市场潜在空间大、分工效应高，有助于形成规模经济优势和比较完整的产业体系；意味着中国的现代化将面临更强的资源环境约束，必须走资源节约、环境友好的发展道路；意味着中国的现代化将改写现代化的世界版图，深刻影响世界政治经济格局，处理好内外关系更具挑战性；意味着任何一个小问题都可能演变成为一个大问题，实现社会良好治理难度大。谋划和推进中国式现代化的各项工作，都需要把巨大的人口基数作为重要前提。

第二，全体人民共同富裕是中国式现代化的本质特征，也是区别于西方现代化的显著标志。党的十八大以来，我们在促进共同富裕方面取得了显著成效。同时要看到，城乡区域发展差距和收入差距依然较大，与人民群众对共同富裕的期盼有距离，要自觉主动地解决城乡差距、地区差距和收入差距的问题。要在继续做好做大“蛋糕”的同时，进一步分好“蛋糕”，初次分配、再分配、第三次分配协同发力，努力提高居民收入在国民收入分配中的比重，努力提高劳动报酬在初次分配中的比重，着力解决好民生问题，让现代化建设成果更多更公平惠及全体人民。同时，要充分认识到，我国仍然处于并将长期处于社会主义初级阶段，实现全体人民共同富裕是一个长期过程，必须有足够的历史耐心；要按照经济社会发展规律循序渐进，不断地、逐渐地解决好共同富裕问题。

第三，既要物质富足、也要精神富有，是中国式现代化的崇高追求。西方国家的现代化往往伴随着信仰缺失、精神贫乏、物欲横流等问题，我国要坚决避免出现类似问题。还要看到，迈上现代化新征程，人民精神文化需求将持续增长，也会呈现越来越多元化的局面。推进中国式现代化，要推动物质文明和精神文明相互协调、相互促进，加强理想信念教育，培育和弘扬社会主义核心价值观，建设全体人民共同享有的精神家园，让全体人民始终拥有团结奋斗的思想基础、开拓进取的主动精神、健康向上的价值追求。

第四，尊重自然、顺应自然、保护自然，促进人与自然和谐共生，是中国式现代化的鲜明特点。西方国家的现代化大都经历了对自然资源肆意掠夺和生态环境恶性破坏的阶段，在创造巨大物质财富的同时，往往造成环境污染、资源枯竭等严重问题。我国人均资源禀赋严重不足，现代化所处的时代背景、历史阶段与西方国家快速推进现代化时显著不同，推进现代化面临更强烈、更严格的能源资源和环境约束，不可能走西方国家的老路，必须走出一条永续发展的新路，必须加快形成绿色低碳的产业结构、生产方式、生活方式，在守住底线、节约集约、多目标平衡下促进高质量发展。

第五，在坚定维护世界和平与发展中谋求自身发展，又以自身发展更好维护世界和平与发展，是中国式现代化的突出特征。中国是社会主义国家，决不可能走一些国家通过战争、殖民、掠夺等方式实现现代化的老路。当今世界，恃强凌弱、巧取豪夺、零和博弈等霸权行径危害深重，世界又一次站在历史的十字路口。还要看到，作为人口大国，中国的现代化将深刻影响世界政治经济格局，会受到一些国家的打压、遏制。我们要坚定站在历史正确的一边，高举和平、发展、合作、共赢旗帜，以中国新发展为世界提供新机遇，推动全球治理朝着更加公正合理的方向发展，促进各国共同走和平发展道路。

## （二）

新征程上推进中国式现代化已经具备显著优势。新时代十年，在以习近平同志为核心的党中央坚强领导下，我们推动中国式现代化又向前迈进了一大步，在全球竞争中创造了竞争新优势：规模经济优势突出，能够为不同技术创新路线、商业创新模式提供足够赛道和空间；制造业系统性优势突出，能大规模标准化生产，又能快速响应个性化需求；科技创新能力不断增强，人才基础、创新主体、新兴产业、新型举国体制等优势正在聚合释放；经济深度融入世界经济体系，“世界工厂”的地位日益巩固，“世界市场”的重要性不断提升；人力资本质量红利显现，资本丰裕度明显改善，要素禀赋优势实现动态升级；新型城镇化和消费结构升级持续推进，总需求较快释放和升级。利用好、巩固好、发展好这些新优势，既是经济基本面长期向好的重要支撑，也是解决当前经济问题的重要基础，更是实现现代化目标的重要保障。

习近平总书记指出，“推进中国式现代化，是一项前无古人的开创性事业，必然会遇到各种可以预料和难以预料的风险挑战、艰难险阻甚至惊涛骇浪”。要清醒地认识到，当今世界百年未有之大变局加速演进，逆全球化思潮抬头，局部冲突和动荡频发，世界进入新的动荡变革期。我国改革发展稳定面临不少深层次矛盾躲不开、绕不过，来自外部的打压遏制随时可能升级。我国发展进入战略机遇和风险挑战并存、不确定难预料因素增多的时期，各种“黑天鹅”“灰犀牛”事件随时可能发生。

应对这些风险挑战，必须全面落实习近平总书记在2023年2月7日学习贯彻党的二十大精神研讨班开班式上的重要讲话精神，正确处理好顶层设计与实践探索、战略与策略、守正与创新、效率与公平、活力与秩序、自立自强与对外开放等重大关系。处理这六对关系，角度不完全一样，需要把握的重点、难点也不完全一样。处理前三对关系，主要靠我们自己的积累和把握；处理后三对关系，要注重学习借鉴国外现代化的经验教训，不断深化对现代化规律的认识，不断提高应对各种风险挑战的能力。

处理顶层设计与实践探索的关系，要根据现代化总体安排和分阶段、分领域的发展目标，设计好总体战略和各项分战略；要根据时和势的变化，勇于探索未知领域，提出新思路新办法，创造新鲜经验。

处理战略与策略的关系，要着眼于解决事关党和国家事业兴衰成败、牵一发而动全身的重大问题，谋划战略目标、制定战略举措，为中国式现代化提供强大的战略支撑；要适应新情况、新变化，把战略的原则性和策略的灵活性结合起来，因地制宜、因势而动、顺势而为。

处理守正与创新的关系，要毫不动摇坚持中国式现代化的中国特色、本质要求和重大原则，确保中国式现代化的正确方向；要顺应时代发展要求，积极识变应变求变，大力推进各方面创新，不断开辟发展新领域。

处理效率与公平的关系，要更好实现效率与公平相兼顾、相促进、相统一。既要提高效率又要实现公平，是一大世界性难题。处理得不好，要么损失效率，要么带来严重社会问题。在创造更高效率的同时，更好地维护社会公平，要坚持“两个毫不动摇”，把社会主义制度和市场经济更好有机结合起来，既要发挥市场经济的长处，又要发挥社会主义制度的优越性；要防止社会阶层固化，畅通向上流动通道，扎实推进共同富裕取得更为明显的实质性进展。

处理活力与秩序的关系，要实现活而不乱、活而有序的动态平衡。要深化各方面体制机制改革，充分释放全社会创新创造潜能；要适应人民群众在民主、法治、公平、正义等方面日益增长的需求，发展全过程人民民主，完善社会治理体系；要统筹发展和安全，贯彻总体国家安全观，健全国家安全体系。

处理自立自强与对外开放的关系，要加快构建以国内大循环为主体、国内国际双循环相互促进的新发展格局。在经济全球化背景下，任何一个国家的发展都离不开外部资源和外部市场，必须利用好国际循环。但是，大国和小国对国际市场的依赖程度不一样，小国发展可以依赖国际市场；大国发展必须立足自身，历来都以内循环为主体，而且随着经济规模的扩大，内循环越来越重要。2022 年，新加坡进出口总额相当于国内生产总值的 330.0%，而美国仅为 27.4%。我国是人口大国，目前已是世界第二大经济体，未来发展要在扩大高水平对外开放、更好利用国际循环的同时，必须更多依靠国内大循环、增强内循环的内生动力和可靠性，必须提高产业链供应链韧性和安全水平，必须提高科技自立自强水平，把国家和民族发展放在自己力量的基点上。

应对这些风险挑战，还必须坚持系统观念和底线思维，充分发挥高端智库作用，加强理论研究和实践探索，做好政策和方案储备，及时破解前进道路上的各种难题，化解前进道路上的各种风险挑战。

## （三）

近年来，国务院发展研究中心坚持运用习近平新时代中国特色社会主义思想的立场、观点和方法，围绕推进中国式现代化，开展了相关研究，形成了系列成果，可为探索现代化具体路径和破解现代化建设难题提供有价值的参考。

推进中国式现代化，必须把宏伟蓝图变成可执行的时间表、路线图。党的十九大和二十大擘画了建设社会主义现代化国家的宏伟蓝图，指明了现代化建设的方向。现代化的内涵随着技术的进步而不断拓展，现代化的路径因时代背景和发展所处阶段的不同而不同。我国现代化新征程恰逢新一轮科技革命和产业变革方兴未艾，又面临世界进入新的动荡变革期，现代化具有难得机遇，但也不会一马平川。把党中央的决策部署落到实处，需要通过深入研究，进一步明晰现代化的内涵，细化现代化的目标、任务和路径。《基本实现社会主义现代化：机遇挑战和战略路径》提出现代化是人类进入工业社会以来在科学技术推动的引领下，一个国家的经济、社会、文化、国家治理等领域由低级形态向高级形态演变的过程；认为新一轮科技革命和产业变革是新阶段现代化的最大机遇，超大规模经济及与之相适应的治理体系是新阶段现代化最重要的基础；明确发展知识技术密集型产业是新阶段经济结构升级的重大任务，在此基础上细化了基本实现现代化的目标任务，提出了基本实现现代化的战略路径和相关对策建议。

推进中国式现代化，必须加快农业农村现代化。农业现代化与农村现代化有其各自的规律，但两者之间又有相互依存、相互促进的逻辑关联。农业和农村在地理空间上交叉分布，在发展所需的基础设施上可高度共享，在发展所需的投入要素上有共同需求，在生态环境上会相互带来正外部效应或负外部效应。推进农业农村现代化，一方面应遵循农业现代化与农村现代化各自的规律采取针对性举措；另一方面也应从农业现代化与农村现代化既各有其规律又相互关联的情况出发，坚持一体设计、一并推进。《迈向农业强国：农业农村现代化一体设计、一并推进》着重分析了农业现代化和农村现代化的耦合性，提出要围绕空间、基础设施、生态环境、产业、人口等耦合点做好统筹谋划、系统布局、协同推进，为两者协调发展创造共同的基础条件、做好并行保障，建立健全两者相互促进的有效机制。

推进中国式现代化，必须提升产业链供应链的稳定性和竞争力。产业链供应链的稳定性和竞争力是国民经济循环稳定畅通和国家安全发展的重要基础，对建设现代化经济体系、构建新发展格局具有重要意义。在新一轮科技革命和产业变革深入发展、保护主义明显抬头、大国博弈愈演愈烈等因素影响下，国际产业链供应链加速调整、分化和重组，我国产业链供应链必须加快提升。《新发展格局与产业链提升战略》围绕畅通国民经济循环、构建新发展格局的需要，提出要实施产业基础再造和产业链提升工程，加快推进“强基础”“补短板”“锻长板”“提水平”“促升级”，着力提高关键领域自主可控能力、优势领域全球引领能力和战略性新兴领域产业链综合能力，打造安全可控、开放包容、韧性高效的产业链体系。

推进中国式现代化，必须实现高水平科技自立自强。科技是第一生产力，是全面建设社会主义现代化国家的基础性、战略性支撑，是国家强盛之基、安全之要。在美西方对我进行全方位围堵的背景下，实现科技自立自强显得尤为紧迫和重要。当前，我国科技自立自强水平的提高还面临不少体制机制障碍，不能适应市场经济条件下科技创新的新要求，各方科技力量缺乏有效协同，对人才和企业等关键创新要素的不合理束缚仍然较多，成果应用转化的支撑体系尚不健全。《科技自立自强：体制与政策》提出构建定位清晰、协同合作的科研组织体系，完善满足国家使命和产业发展需要的政策机制，建立符合科研规律和充分调动各方力量的支持新机制等，形成符合科研规律、有效满足国家需求、开放和有活力的科技创新体制。

推进中国式现代化，必须做大做强国内市场，特别是扩大国内消费需求。进入新发展阶段，以消费为主导的内需应逐渐成为我国经济最根本的发展动力，这是构建安全可控、富有韧性的经济体系的重要基础。当前，有效扩大内需和更好满足内需依然存在难点堵点和体制机制障碍，需要建立供求适配和互动互促的体制机制，以形成供需更高水平的动态平衡。《转向消费驱动》提出要加快构建以“全领域覆盖、全周期管理、全环节贯通、全要素支撑”为主要特征的完整内需体系，推动形成“高效匹配、强力激发、加速创新、有序转型”的内需发展新机制，深化供给侧结构性改革，强化消费促进政策和制度改革创新，做到供需双侧发力，进一步夯实有效扩大和更好满足内需的制度基础，为推动高质量发展提供强大内生动力。

推进中国式现代化，必须大力发展平台经济。经济平台化是数字时代最突出的商业变革之一。美国前国务卿基辛格等学者研究指出，人工智能技术驱动的平台经济已成为大国博弈的前线。大型数字平台企业一边吸引商户入驻平台，另一边吸引用户入驻平台，具有技术创新快、网络效应强、规模经济突出、动态竞争激烈等突出特点，很容易形成“赢者通吃”“一家独大”的市场格局，除了挑战既有的市场准入、反垄断、消费者保护等制度外，还带来了数字治理、网络安全和数据安全等领域的难题。《数字平台的发展与治理》针对社会上广泛关注的平台经济发展放缓、创新能力不足、国际竞争力下降等担忧，以及平台垄断、滥用市场支配地位、从业主体权益保护乏力等议题，提出了有效防范负外部性、促进数字平台良性发展、实现数字平台良好治理的思路和建议。

推进中国式现代化，必须有序推进人民币国际化。国际金融危机以来，人民币的国际货币职能逐步拓展深化，目前已成为全球第三大贸易融资货币，可以顺势而为积极稳妥提高人民币国际化水平。需要看到，人民币国际化有利有弊。货币国际化达到一定程度后，财政货币政策空间都能得到扩展，应对金融风险的能力会提升，但也可能带来银行、资产泡沫和汇率波动等风险。《国际货币体系演进与人民币国际化》在深入分析国际货币体系演进规律的基础上，围绕人民币国际化及其基础设施的现状、人民币国际环流和离岸市场发展等展开了深入研究，提出推进人民币国际化，要加快推进相关改革和政策，重点完善支撑人民币国际化的基础设施，引导和构建人民币环流机制，强化区域金融合作，完善人民币国际化的制度性保障，防范人民币国际化中的金融风险。

推进中国式现代化，必须加快实现绿色转型。力争2030年前实现碳达峰、2060年前实现碳中和，是推动高质量发展的内在要求。我国是世界上最大的发展中国家，在全面建设社会主义现代化国家新征程中实现碳达峰碳中和，关键是要处理好发展与减排的关系。实现“双碳”目标是一项系统工程，涉及生产方式、生活方式和空间格局等的转变，必须运用系统思维从根本上推动发展方式绿色转型。《绿色低碳转型》从“处理好发展与减排的关系”视角出发，遵循提高资源利用效率和抢占绿色产业新赛道并举的战略思路，重点研究了面向碳达峰碳中和的总体路径和关键举措，强调要加快完善激励约束机制，用好政府和市场“两只手”尽快建立健全碳排放核算核查制度、法律法规、标准规范及政府监管等基础性制度，补齐治理能力短板。

推进中国式现代化，必须建设健康中国。人民健康是民族昌盛和国家强盛的重要标志，也是中国式现代化的重要目标。由于全生命周期中不同年龄阶段的人面临不同的健康问题，针对不同年龄阶段的健康政策也应有所不同。同时，随着工业化、信息化、城镇化、全球化的推进，以及生产和生活方式的变化，影响人们身心健康的因素越来越多。建设健康中国，一方面要关注不同年龄阶段人群的健康需要，另一方面必须把健康融入所有公共政策。《健康中国：全生命周期视角》从人的生育、托幼、教育、就业、养老、临终关怀等全过程健康管理的需要出发，提出了通过全人群融入、全生命周期融入、全方位融入、全政策链条融入，将健康融入经济社会环境等各方面公共政策的具体建议。

推进中国式现代化是一项系统工程、长期任务，尚有不少深层次问题需要深化研究，在推进现代化的进程中还会出现新的问题和矛盾需要研究破解。国务院发展研究中心是直接服务于党中央、国务院的高端智库。我们将以习近平新时代中国特色社会主义思想为指导，深刻领悟“两个确立”的决定性意义，坚决做到“两个维护”，按照习近平总书记关于建设中国特色新型智库的重要指示精神，探索和创新适应新时代新征程需要的决策咨询机构组织形式和管理方式，不断增强综合研判和战略谋划能力，不断提升为中央决策咨询服务水平。同时，在充分全面准确领悟党中央精神的基础上，不断夯实基本理论训练和真实情况掌握这两项基本功，加快建设合作开放研究平台，深入开展现代化进程中的高质量发展的质量动力效率变革、站在高收入国家门槛上的中国、构建新发展格局、扎实推进共同富裕、促进人口高质量发展、深化社会主义市场经济体制改革等重大课题研究，不断推出高水平决策咨询成果，为推进中国式现代化作出应有贡献。

陆昊

**国务院发展研究中心主任、党组书记**

# 引　言

2020年9月22日，习近平主席在第七十五届联合国大会一般性辩论上郑重宣示，中国将提高国家自主贡献力度，采取更加有力的政策和措施，二氧化碳排放力争于2030年前达到峰值，努力争取2060年前实现碳中和。2020年中央经济工作会议把做好碳达峰、碳中和工作作为2021年要抓好的八个重点任务之一。国务院发展研究中心积极贯彻落实党中央决策部署，围绕碳达峰碳中和决策需求，针对绿色低碳转型的相关问题开展系统深入研究。统筹发展与减排，在经济增长中实现碳达峰碳中和，是研究主线。经过两年多努力，形成了阶段性研究成果，本书为其中部分研究成果，集中体现了我们对推进经济社会发展全面绿色转型实现碳达峰碳中和的战略路径、重大政策和基础制度等方面的初步思考。

推进实现碳达峰碳中和，意义深远而重大。我国力争2030年前实现碳达峰与2060年前实现碳中和，是党中央统筹国内国际两个大局作出的重大战略决策，是着力解决资源环境约束、建设美丽中国、实现中华民族永续发展的自主选择，是推动构建人类命运共同体、共建清洁美丽世界的必然选择。党的二十大报告明确提出，中国式现代化是人与自然和谐共生的现代化。实现碳达峰碳中和是建设人与自然和谐共生的现代化的应有之义，必须融入且服务于我国2035年基本实现社会主义现代化、本世纪中叶建成富强民主文明和谐美丽的社会主义现代化强国的战略目标。为此，要坚持系统观念，贯彻新发展理念，处理好发展和减排、整体和局部、短期和中长期的关系，把碳达峰碳中和纳入经济社会发展全局，统筹推进产业结构调整、污染治理、生态保护、应对气候变化，协同推进降碳、减污、扩绿、增长，坚持走绿色低碳高质量发展道路。

要坚定不移推进实现碳达峰碳中和，但不可能毕其功于一役。近年国际形势复杂，不确定性因素增多，主要经济体围绕绿色低碳技术、贸易规则及其产业链供应链的竞争日趋激烈。随着全球走出新冠疫情阴霾，我国与世界的联系正逐步恢复，但乌克兰危机爆发加剧了全球政治经济格局深刻调整，全球绿色低碳转型面临诸多复杂变数。在国内层面，两年多来，随着碳达峰碳中和“1+N”政策体系的建立，各地碳达峰碳中和工作取得进展，但在稳增长压力下，绿色低碳转型面临的挑战进一步凸显。我国仍是最大发展中国家，发展始终是首要任务。当前我国需要保持加强生态文明建设的战略定力，强化统筹发展与安全的战略思维，既不能为了保短期经济增长而延续旧的增长模式，以至于失去推进绿色低碳转型的战略机遇，也不能设置超过自身承受能力的激进减碳目标而影响经济社会的发展和安全。

积极稳妥推进碳达峰碳中和，要以经济社会发展全面绿色转型为引领。经济社会发展全面绿色转型，就是要以能源绿色低碳发展为关键，形成节约资源和保护环境的空间格局、产业结构、生产方式、生活方式，从传统的粗放型发展方式向绿色低碳高质量的发展方式转变。实现全面绿色低碳转型，要从源头上实现碳排放与经济增长脱钩，使我国既实现持续经济增长，又稳步实现碳达峰碳中和目标。理论上讲，全面绿色转型越顺利，越有利于如期达成“双碳”目标；但实际的转型节奏，除了要有明确的转型导向，往往取决于经济社会发展的内在规律，并取决于实现全面绿色转型的技术能力和治理能力。为此，我国需加强科技创新，夯实产业基础，加快完善制度和优化政策，提升全面绿色转型能力，加快形成绿色低碳高质量发展的内生动力。

实现碳达峰碳中和是一场广泛而深刻的经济社会系统性变革，将横跨40年历史发展进程。我国碳达峰碳中和工作已平稳起步，未来还要走很长的路、跨很多的“坎”，有待解决的难题和挑战也会不断出现，需持续开展理论创新和实践创新。我们将以习近平新时代中国特色社会主义思想为指引，不断学深悟透习近平生态文明思想，围绕碳达峰碳中和战略持续开展深入研究，为党中央、国务院提供决策咨询研究参考，为建设美丽中国、增进民生福祉贡献力量。

# 目 录

## 总 论

# 总　论

第一章

# 以绿色低碳转型积极稳妥推进碳达峰碳中和

我国力争2030年前实现碳达峰、2060年前实现碳中和，是党中央经过深思熟虑作出的重大战略决策，事关中华民族永续发展和构建人类命运共同体。我们要坚定不移贯彻新发展理念，坚持系统观念，处理好发展和减排、整体和局部、短期目标和中长期目标的关系，以经济社会发展全面绿色转型为引领，以能源绿色低碳发展为关键，加快形成节约资源和保护环境的空间格局、产业结构、生产方式、生活方式，坚定不移走生态优先、绿色低碳的高质量发展道路。

## 一、推进碳达峰碳中和意义重大

联合国《巴黎协定》的达成，标志着应对气候变化已成为全球共识。我国提出力争2030年前实现碳达峰、2060年前实现碳中和的目标，意味着低碳要求将贯穿我国实现第二个百年奋斗目标、全面建设社会主义现代化国家的全过程。立足当下、着眼未来、持续系统推进“双碳”工作，是新的历史条件下实现经济高质量发展的必然要求，也是实现中国式现代化的重要任务。

### （一）气候变化问题是影响世界百年变局的重要变量

通过世界百年工业革命，人类建立了基于化石能源的工业文明。人类享受前所未有之繁荣的同时，也不得不面对温室气体大量排放导致的日益凸显的全球气候变化问题。2015 年通过的《巴黎协定》，确立了到本世纪末“把全球平均气温较工业化前水平升高控制在 2 摄氏度之内，并为把升温控制在 1.5 摄氏度之内而努力”的长期愿景目标，进一步凝聚了各国携手应对气候变化的共识。到 2022 年，全球一百多个国家、数百家大型跨国企业先后宣布了碳中和目标，覆盖约 90% 的经济总量和碳排放总量，掀起了全球绿色低碳发展浪潮[①]。

人类走向碳中和意味着，包括中国在内的发展中国家，再也不能重走发达国家依靠消耗化石能源的现代化发展老路。人类走向碳中和意味着，基于化石能源形成的世界产业体系、经济格局和地缘政治格局都将发生深刻变化。人类走向碳中和还意味着，当今经济社会发展的技术基础将从根本上发生改变，新一轮能源革命和工业革命将助推人类由工业文明迈入生态文明新时代。气候变化已经成为推动世界百年变局加速演进的重要变量，成为各国博弈的重要领域。

### （二）务实推进碳达峰碳中和是走高质量发展之路的必然要求

改革开放 40 多年来，我国抓住了经济全球化的历史性机遇，充分发挥要素和市场综合优势、积极参与全球产业分工，创造了经济持续快速增长的世界奇迹。然而，我国用几十年走完发达国家两百年工业化历程，也付出了一定的环境和资源代价。随着我国进入工业化和城镇化中后期，发展方式也从粗放型向集约型转变，转向以绿色为底色的高质量发展。这需

---

① 中国国际发展知识中心：《全球发展报告》，2022年6月，http://www.cikd.org/detail?docId=1538692405216194562。

要我们探索一条既切合中国实际又适应国际潮流的转型发展道路。持续推进碳达峰碳中和顺应了当今世界绿色低碳发展潮流，有利于我国抢抓新一轮技术革命和产业变革的历史机遇，推动经济动力变革、效率变革、质量变革，实现经济高质量发展。

党的二十大报告提出了实现中国式现代化的战略要求，指出“促进人与自然和谐共生，推动建立人类命运共同体”是中国式现代化的本质要求之一，明确“协同推进降碳、减污、扩绿、增长”是转型发展的重要方向。这是为人类探索绿色低碳现代化道路的大国担当，更是提升绿色低碳竞争力的内在要求。持续推动“双碳”工作可以培育新的经济增长点，成为中国实现高质量发展和中国式现代化的重要助力。

### （三）未来已来，积极参与全球低碳技术和产业竞争是我国换道引领全球低碳发展潮流的重要契机

近年来，全球走向碳中和的大势已然明朗，低碳技术和产业竞争大幕已经开启。欧美加速推动低碳技术开发和产业变革以积极应对气候变化。欧盟在《欧洲绿色协议》(European Green Deal)、《绿色协议产业计划》(The Green Deal Industrial Plan)下拟动员上万亿欧元资金，推动工业、建筑、交通、能源、农业等领域的绿色重塑。美国拜登政府2022年通过《通胀削减法案》推出总额高达3690亿美元政府补贴促进低碳能源技术与产业发展，覆盖低碳技术研发、产品生产和市场推广全链条。应对气候变化议题正加速向国际贸易领域渗透，欧盟碳边境调节机制（Carbon Border Adjustment Mechanism，CBAM）将对世界经贸规则和秩序产生深刻影响。我国可再生能源产业基础良好、发展态势迅猛，为我国在绿色低碳转型中赢得了先机，并提振了全球加快低碳转型的信心，也为我国从人类命运共同体高度开辟人类低碳发展道路提供了契机。

## 二、推进碳达峰碳中和的基础条件

提出“双碳”目标为我国在气候变化谈判与国际合作中争取了战略主动。但国内有的地区和部门为追求短期效益、抢占先机，出现了“碳冲锋”“运动式减碳”等现象，反映出社会对“双碳”工作的认识理解水平有待提高，国家低碳治理能力有待提高。我们必须从服务实现社会主义现代化目标的大局谋划，务实稳健推进“双碳”工作。

### （一）客观认识我国推进“双碳”工作的不利条件

应对气候变化面临众多难题、需要支付巨大的经济成本，这是各国实现低碳转型面临的共同挑战。多个机构预测[①]，全球2050年实现碳中和需要新增投资累计约100万亿～200万亿美元，年均新增投资规模为全球年GDP的2%～10%。实现碳中和的大部分技术尚待发明，技术不确定性、新旧供给衔接不畅，将使各国长期面临低碳转型带来的各种风险。我国低碳转型之路较发达国家更加艰难，我们必须客观认识推进“双碳”工作的现实基础和潜在优势，既头脑清醒，又信心坚定。

一是人口总量多、排放总量大、发展任务重，碳约束带来的增长压力将贯穿整个现代化发展全过程。我国经济增长任务仍然较重，人均基础设施资本存量仅为发达国家的20%～30%，发展经济的基础原材料需求在未来一段时间将保持高位，以煤为主的能源资源禀赋短期内难以改变，碳减排压力将长期存在。国际政治经济格局变动和我国外部环境面临的不确定性增加了经济转型升级难度，也客观上影响减排进程。

---

① 联合国政府间气候变化专门委员会（IPCC）的《第六次评估报告第三工作组报告》、国际能源署（IEA）的《世界能源展望2022》、国际可再生能源署（IRENA）的《全球能源转型展望2022》、国际货币基金组织（IMF）的《G20背景报告：实现净零排放》、瑞银全球研究团队研报等。

二是将碳减排真正内嵌于经济发展中的制度体系仍待完善。低碳转型涉及经济社会各方面，要求政府部门具备更高的统筹能力。当前，部分“双碳”政策文件存在目标不清、抓手不牢等问题，政策间协同度不足，各部门、各地区协调难度大；碳定价体系尚未有效发挥作用，碳核算、碳交易、碳金融等配套机制和标准规范体系仍需完善。

三是低碳领域基础研究亟待强化，创新环境需进一步改善。我国风电、光伏、动力电池等新能源产业和技术已走在世界前列，要保持我国在低碳转型核心领域竞争优势，对技术原始创新的要求越来越高，基础研究、前沿创新、先进工艺和材料等创新短板更加凸显，基础设施配套、产业组织形式、资金和人才投入方式等仍需进一步完善。

四是基础能力滞后的情况较为突出。治理效能仍待提高，以文件落实文件、以目标代替手段等做法使得“碳冲锋”和“运动式减碳”现象并存。碳排放统计核算等基础能力仍然欠缺，无法有效支持科学决策和政策落实。低碳技术研发、工程建设和装备制造、碳管理、碳金融等行业的人才均有短缺。

## （二）我国具备在实现“双碳”目标中抢抓绿色新机遇的有利条件

应对气候变化推动新技术新产业新业态发展，将形成经济发展的新赛道。在传统经济秩序调整和新经济发展格局形成过程中，我国主动作为，也具有四方面有利条件，抢占先机、扬长避短，寻求更大的绿色发展空间，在冲破发达国家绿色藩篱的同时谋求全球产业分工有利地位。

一是低碳产业基础强。我国培育了具有全球竞争力的风电、光伏、新能源汽车及动力电池、高铁等具备完整产业链的低碳产业集群，技术水平和产业规模均位于世界前列，是我国少有的具备先发优势的领域，使我国低碳转型具备了较好的起步条件。

二是增量转型阻力小。我国现代化所需的物质积累与发达国家仍有较大差距，这将持续产生巨大的增量需求。以低碳技术满足规模巨大、种类繁多的增量需求，使我国绿色低碳转型面临的阻力相对较小。以能源为例，我国的能源需求还有较大增长空间，利用增量空间支持新能源、新能源汽车、氢冶炼等技术和产业发展既可以提供较大的市场空间，诱导和容纳足够多的新技术进行迭代创新，也可以避免对存量技术造成直接冲击。回望过去，我国新能源产业也正是充分借助由需求快速增长所带来的规模市场实现了快速发展。

三是创新资源丰富。我国各类专业技术人才总数近1亿人，研发人员数量超过500万人，每年工程技术类大学毕业生近300万人，人才供给充足。我国拥有全球门类最齐全的产业体系、最复杂的各类制造业链条、最完备的配套基础设施，聚合优势突出。中国的经济总量和资金供应能力均位于世界前列，财政、企业、外资等多种渠道为创新发展提供了丰富的资金来源。

四是体制优势独特。绿色低碳转型就是要摆脱对基于化石能源的高碳技术经济体系的路径依赖，需要多领域协同才能实现发展路径的整体跃迁。中国政府具备更强的政治领导能力、社会动员能力和组织协调能力，可实现投资到消费各环节行动的协同转变，为统筹推进各领域各地区绿色低碳转型提供了坚强有力的制度保障。

## 三、绿色低碳转型引领碳达峰碳中和战略路径

实现“双碳”目标面临持续的挑战和压力。我们要有效提升存量产业效率、培育绿色低碳新产业体系，将绿色低碳产业发展为有全球竞争优势的产业。

### （一）以把握节奏、系统推进作为我国“双碳”工作的总体思路

未来十年是我国实现现代化目标和“双碳”目标的关键期。从增长角度来看，在世界百年未有之大变局加速演进，新一轮科技革命和产业变革深入推进，国际力量对比深刻调整的大背景下，持续推动经济增长成为当务之急，事关我国能否实现现代化目标。目前我国面临需求收缩、供给冲击、预期转弱三重压力，经济发展正处于“吃劲”的时候，需要更好统筹发展与减排、发展与安全。同时，全球绿色低碳产业竞争“白热化”，抓住绿色低碳技术创新和产业发展机会，有利于我国在参与国际竞争中实现高质量发展，在绿色低碳转型中推进现代化。从减排角度来看，我国要在2030年前实现碳达峰并稳中有降，工业、能源、交通、建筑和农业等能否实现稳妥绿色低碳转型，关系到碳排放峰值水平的高低和实现碳中和目标的难易，关系到能否实现绿色高质量发展。

未来十年非常关键，我国应坚持发展是第一要务，按照如期实现现代化的战略目标要求，以经济社会发展全面绿色转型为引领，务实稳健推进“双碳”工作。绿色低碳发展是经济社会发展全面绿色转型的复杂工程和长期任务，必须从长计议、久久为功。我们要坚定信心，既清醒地认识我国经济社会发展阶段对快速低碳转型的多重限制，又客观看待具备的基础和优势。我们要按照把握节奏、增量优先、先立后破、以新带旧、系统推进的要求，着力提高我国低碳产业竞争力、低碳创新能力和低碳治理能力。我们要直面应对气候变化国际压力，做大做强新能源领域优势产业，务实提升我国对全球减排能力的贡献。

### （二）建立包含发展、能效、结构和降碳的一体化“双碳”目标

经济发展总量与效率同步提升。按照潜在增长能力测算，我国经济“十四五”和“十五五”平均增速分别有望达到5.3%和4.4%，经济总量有

望在 2030 年接近 35 万亿美元，人均 GDP（固定价格）到 2035 年比 2020 年翻一番，到 2060 年比 2035 年再翻一番。在“双碳”目标的倒逼下，我国在 2030 年能耗强度（1.5 吨标准煤 / 万美元）接近美国 2020 年前的水平；预计到 2050 年左右可与欧、美、日等发达国家和地区基本相当。

经济结构稳步调整，绿色低碳新动能比重持续增加。为实现高质量发展，我国要持续调整和优化经济结构，向现代化经济体系转型发展，一、二、三产业结构从 2020 年的 7.2∶35.4∶57.4（当年价，下同）逐步调整为 2030 年的 5∶29∶66，到 2050 年调整为 2.5∶22.5∶75，到 2060 年调整为 2∶21∶77[①]。全面推进绿色低碳产业发展，既包括新能源、新材料、电动车等新兴产业，也包括实现绿色低碳转型的传统产业，还包括推动发展绿色低碳服务业。综合这三大领域发展，绿色低碳产业增加值从当前的 10 万亿元（2015 年不变价，下同）（占 GDP 比重为 11%）逐步增加到 2030 年的 25 万亿元（占 GDP 比重为 17% 左右），到 2060 年增加到 100 万亿元（占 GDP 比重为 1/3 左右）。其中，可再生能源、氢能和新能源汽车等产业是绿色低碳新动能的“领头羊”，全球市场广阔，我国应着力加强科技创新和产业推广。

适度从紧设定碳达峰目标。我国需要在 GDP 增速处于 4% 以上的较快发展阶段实现碳排放达峰，还要在达峰后用 30 年时间实现碳中和。“双碳”目标约束下，减排压力会不断增加。基于低碳技术发展趋势和新产业发展规律，经济可行的碳减排措施会越来越多。分阶段实现减排目标，既“拖不得”，也“急不得”，要根据低碳发展能力确定阶段性减排目标和碳达峰水平。2021 年以来我国煤炭消费持续增长，碳排放水平有所升高。但考虑到服务业恢复改善经济结构，电动汽车和新能

---

① 以2015年不变价计算，制造业比重在2030年前维持在30%左右，到2060年仍占25%以上。

源超预期发展，气代煤、电代煤持续推进，综合国内外多情景研究，我国仍应适度从紧设置碳排放峰值目标。

### （三）低碳战略路径需统筹各领域、多措施，把控分段减排节奏

合理设定阶段性减排目标，动态调整减排措施。按照我国力争 2030 年前碳达峰、2060 年前碳中和的总体节奏，从碳强度降幅看，我国 2030 年前年均碳强度[①]降幅维持在 4% 上下，2035 年前逐步提高到 6% 左右，2035 年后要逐步提高至 8% 左右。碳强度降幅不断提升，需要统筹把握各领域的绿色低碳转型。所采取的综合减排举措主要包括四类：推进产业结构调整、推动用能侧的节能降耗、强化能源清洁低碳和采用碳汇及碳吸收技术脱碳。

研究表明[②]，碳达峰前，我国将主要通过调整经济结构和推进各领域的节能提效，确保二氧化碳排放以适度偏紧的水平达峰。这两类措施对实现碳达峰的贡献达 73%。虽然非化石能源快速发展，但因总体基数较小，对实现碳达峰的贡献为 23%。此外，增加林业碳汇对实现碳达峰有 3% 的贡献。同时，我国需要抓紧时间完善政府和市场“双轮驱动”的治理体系。碳达峰后，我国产业结构优化调整和技术创新有望进入稳定发展阶段；同时，我国 21 世纪以来集中建设的传统能源产供储销基础设施将逐步达到寿命期，新能源对传统能源的存量替代逐步加速；陆地生态修复趋于稳定，采育平衡使陆地碳汇能力达峰稳定，海洋蓝碳潜力逐渐释放；碳捕集与封存（利用）技术（CCS/CCUS）逐步成熟，在 2060 年前实现碳中和攻坚阶段将发挥重要作用。

---

① 按照当前核算口径，计算碳强度的碳排放是能源利用产生的二氧化碳排放，且不考虑碳汇、碳吸收效果。保持此口径不变，测算到2060年的碳强度降幅。

② 李继峰，郭焦锋，高世楫，等：“我国实现2060年前碳中和目标的路径分析”，载《发展研究》，2021年第4期，第11页。

## （四）开展各领域务实减碳行动，展现低碳竞争力、引领力

### 1. 能源领域

以夯实供应保障能力为基础，加快构建新型能源体系。集中式开发与分布式利用协同推进，水、核、风、光、生物质等多个品种协同发力，大力开发非化石能源，争取在2030年实现对增量能源需求的全部替代。加快构建新型电力系统，形成以新能源为主体的能源电力供应格局。持续推动终端电气化，推广热泵、电锅炉、电熔炉、农业电排灌、岸电工程、电动汽车、轨道交通电气化等技术装备，使电气化率从2020年的25%增至2030年的36%左右。发挥绿氢在深度脱碳中的重要作用，发展氢燃料电池、掺氢燃料、氢化工、氢冶炼等技术，完善氢储运等基础设施配套。注重化石能源退出过程中的多重风险，煤炭将持续发挥"压舱石"作用。注重新增煤电和以煤为燃料的工业生产设施的先进性与布局优化，尽快设计出台煤炭发展路径，避免可能产生的能源价格的大幅波动、巨额基础设施沉没成本、连带的金融风险和资源型城市衰退风险。

### 2. 工业领域

以立足国情、节约优先为重心，推动产业数字化、智能化转型升级。全面践行节约优先的国策，推广具有经济性的节能、节材技术和商业模式，对难回收利用的水泥等建筑材料加强替代；对钢铁、有色金属等高能耗产品强化同级回收利用；加快技术创新，推动化工制品的原料替代、同级回收与科学回用。积极拥抱数字化和循环经济商业模式，加大力度淘汰老旧落后产能、改进工艺流程，积极落实细分生产环节的节能降碳，以数字技术、新一代信息通信技术等进行智能化流程改造。把构建绿色低碳循环产业体系放在更加突出的位置，逐步推行强制性产品和建筑的绿色设计要求，完善技术标准规范，加快探索废旧建材的梯级回收利用，

完善废金属、废塑料等再生资源的同级回收利用模式。通过实施工业绿色低碳转型，尽早实现工业碳排放达峰，并加速脱碳，到2060年较当前水平减少80%。

**3. 建筑领域**

以节能和电气化改造为重心，引导城乡建设绿色低碳转型。加强建筑节能和电气化改造，持续提高建筑用能的电气化率，把直接排放转换为耗电的碳排放，再依靠能源低碳转型实现大幅降碳。提升居民生活绿色低碳意识、提高电器效率、增强智能化管控水平。积极推动严寒及寒冷地区的城镇集中供暖，提高供暖热效率。高度重视农村生物质采暖的重要作用。推动进城务工人员真正转变为城市人口，逐渐减少农村低利用率住房建设。力争实现建筑运行的碳排放量早日达峰，到2060年较目前水平下降80%。

**4. 交通领域**

以结构优化、新能源车推广为重点，加快交通领域脱碳进程。统筹规划、协调发展铁路、公路、水路、民航、邮政行业，加快建设安全、便捷、高效、绿色、经济的现代化综合交通体系。推动公转铁、公转水以持续优化结构，推进多式联运和优化物流以提高运输效率。保持高水平的燃油税费促进需求管理等方式，实现交通运输结构的低碳转型。顺应市场规律，保持新能源汽车发展势头，力争2030年前新能源汽车保有量超过1亿辆，助力2060年交通运输业碳排放较目前水平下降64% ~ 84%。

**5. 碳汇领域**

以增加森林碳汇为重点，逐步提高碳吸收技术能力。碳汇和碳吸收技术是抵消难以减排的温室气体，确保实现碳中和目标的兜底措施。当前，增加森林、草地、湿地等自然碳汇仍有一定潜力，还具有同步实现生态修复的协同效应。近期需持续扩大森林覆盖率，以提升碳汇规模，同时重视海洋增汇能力的培育。继续试点推进 CCS/CCUS 等工业化碳吸收技术示范，提高技术水平，降低运行成本，增强战略技术储备。

## 四、实施绿色低碳转型的重大战略举措

碳强度降幅水平的不断提升，需要不断增强减排能力，而这取决于绿色低碳技术创新、绿色新动能培育、传统产业升级转型、“双碳”治理制度完善和基础能力夯实等举措的推进。

### （一）实施新赛道战略，锻造应对全球低碳竞争长板

一是厚植既有产业优势，加快发展风电、光伏、新能源汽车等绿色低碳领域制造业。以生产一线需求为导向，加快技术攻关和迭代。超前布局新能源基础设施，打造更高质量、更高效率的产业集群。以绿色“一带一路”建设为契机，加快打造国际知名品牌。

二是通过数字化和低碳化“双转型”，推动传统基础原材料产业转型升级。鼓励企业实施绿色设计，加快升级产品结构、再造工艺流程、优化控制系统，提升循环利用水平，尽快提高能效水平。加大绿电使用规模。

三是发展绿色低碳领域服务业。大力发展以碳交易为核心的测量、核查与咨询、碳信用认证、碳资产管理等低碳服务业。积极发展碳金融，推动绿色供应链、碳足迹等相关服务业发展。

四是积极发展氢能、CCUS 等未来产业，加速规模化进程。在加大创新投入的同时，重点关注实用型技术的商业化和规模化。

### （二）实施能源革命战略，铸就绿色低碳转型中坚力量

一是推进能源供给革命，建设现代能源供应体系。推动风电、光伏、核电等非化石能源发电行业快速发展，生物质能、地热等非电可再生能源和绿色氢能产业迅速壮大，稳步扩大绿色低碳能源供应规模。近期需重视煤油气储备，提升应急保障能力。

二是推进能源消费革命，推动终端用能电气化、燃料氢能化、化石能源原料化。鼓励分布式光伏、微电网等微能源系统发展，引导有条件的能源消费者逐渐向产消者即参与生产活动的消费者转变，理顺相应能源服务的市场配套机制。

三是推进能源技术革命。重点布局和突破绿色低碳能源核心技术研制，持续推动能源技术与信息技术深度融合，提升能源全产业链智能化水平。

四是深入推进能源体制革命，持续推动能源市场化改革。加快建成全国性电力、天然气、原油和油品交易市场体系，深化电网、热网等行业改革。

五是深入推进能源国际合作，注重形成更加务实多元的能源国际合作新局面。以大国担当引领国际能源领域治理，全面推动能源领域对外开放，着力推动更高水平的制度型开放。

### （三）实施绿色科技创新战略，提升低碳发展核心竞争力

一是开展重点领域低碳技术创新。集中力量进行科技攻关，重点研发零碳能源、碳捕集、碳封存和碳吸收等关键和重点领域“卡脖子”技术，开发跨行业集成技术、系统运行效率提升技术。在与低碳技术相关的基础材料、基础算法、通用和专用芯片、专业软件等领域，加强基础研究和应用研究，从源头上提高科学知识和共性技术供给能力。

二是深化科技创新体制改革，发挥不同创新主体的作用。强化企业的创新主体地位，发挥科技型骨干企业的引领支撑作用。充分发挥高校、科研院所在基础研究、人才培养方面的优势。以企业为主导，打造产学研深度融合的创新网络。加强绿色低碳技术创新战略的规划统筹，避免政府部门间、行业间各自为战。成立低碳创新基金、建立低碳创新联盟，推动形成有利于知识创造、流通、应用和人才培养的创新生态系统。加强绿色低碳创新投资，优化投资方式和结构。

三是夯实绿色低碳创新的平台和人才支撑。进一步完善低碳标准规范体系，加强技术研发和转化应用平台建设。改善科研环境，完善创新激励机制，培育和吸引创新人才。

四是加快低碳技术转化应用。促进科技创新成果转化，积极引入社会资本参与技术商业化，提高科技成果转化率。

### （四）实施气候变化外交新战略，打造安全转型共同体

一是坚持多边主义，努力推动全球应对气候变化进程。坚持《联合国气候变化框架公约》主渠道地位，坚持共同但有区别的责任原则，坚持《巴黎协定》确定的全球温控目标，全面落实国家自主贡献的制度安排，坚持我国发展中国家定位，协调维护广大发展中国家利益。积极建设性参与和引领全球气候治理，贡献中国智慧，努力增强规则制定影响力和话语权。

二是加强研究谋划，有力有效应对贸易碳壁垒挑战。加强对欧沟通，制定碳边境调节机制统筹应对方案，为产业结构调整升级争取更多时间、空间和资源。加快与国际市场进一步接轨，推动国内碳排放数据库、企业供给链碳足迹等的国际认可。

三是强化务实合作，积极建设绿色“一带一路”。充分发挥中国绿色转型的领导力，同“一带一路”沿线国家和地区加强思想交流、政策对接、信息共享和行动协调，支持沿线国家和地区嵌入全球绿色产业链条。推动“一带一路”沿线国家和地区形成全球绿色低碳安全转型共识。

## 五、建立和完善绿色低碳转型治理体系

我国“双碳”工作仍面临体制机制的多重制约，需要在全面深化改革进程中，建立适应低碳发展的政策制度体系，提高低碳治理能力水平。低碳领域的治理体系和治理能力建设是一个长期的过程，但在未来 10 年碳排放达峰及峰值平台关键期，需要把握以下重点工作。

### （一）推动能耗双控向碳排放双控转变，明确宏观政策导向

更好发挥政府作用，将减碳目标纳入政府宏观调控体系，建立完善碳排放双控制度，推动能耗双控向碳排放双控转变。一是以服务“双碳”战略为导向，逐步淡化能源消费总量的控制要求。二是尽快出台能耗双控的核算边界范围调整细则，对不产生碳排放的可再生能源和原料用能，从能源消费总量控制的考核口径中扣除。三是开展全国碳排放双控试点。选取人均 GDP 水平较高、碳排放总量已处于峰值平台期、能源碳排放统计核算基础相对较好的省（市），开展全国碳排放双控试点。四是夯实由能耗双控向碳排放双控转变的数据支撑体系。五是将碳达峰碳中和的目标任务落实情况纳入中央生态环境保护督察。

### （二）加快建立和完善碳定价机制，塑造转型微观动力

发挥市场决定性作用，加快建立完善碳交易、碳税等市场化政策工

具，激发微观主体减排活力。一是加快健全碳交易制度顶层设计，研究提出 2025 年前、2026—2030 年的碳市场发展目标，逐步扩大行业覆盖范围，完善碳配额总量与分配方法，建立碳市场价格稳定调控机制、碳交易与其他减碳政策协调机制。二是在做好相关筹备工作的基础上重启国内自愿减排量交易市场。面向国际，积极探索开展各类国际化的核证碳信用交易。逐步形成“国家碳交易市场 + 地方碳交易市场 + 自愿减排交易市场 + 国际碳交易”“四位一体”的碳市场体系。三是加快建立和完善碳金融相关制度。强化碳市场的价格发现功能。鼓励设立碳投资基金，建立债券、期货或期权等衍生品市场，逐步形成市场主导的碳金融体系，引导社会资本广泛参与绿色低碳转型行动。四是完善碳市场监管制度，建立跨部门协同监管机制。五是探索建立其他碳定价机制。

### （三）健全“双碳”统筹协调机制，形成工作合力

明确分工责任、建立协调机制、加强科学评估，形成各部门各地区的工作合力。一是明确国家有关统筹机构的领导职责，完善“双碳”工作的跨部门统筹协调机制，推进“1+N”政策体系落地。二是建立国家及各地“双碳”政策措施的盘点、监测和评估体系，查漏补缺，促进“双碳”治理体制机制和政策措施的协同高效。三是开展“双碳”政策措施与区域发展战略、新型城镇化建设及乡村振兴建设要求等国家战略的协同性评估，将“双碳”工作切实纳入经济社会发展全局。

### （四）推进应对气候变化立法，稳定社会长远预期

加快推进“双碳”工作法制化进程，建立长久治理架构。一是加快应对气候变化立法进程，制定“应对气候变化法”，将“促进低碳发展，实现 2030 年前碳达峰目标和 2060 年前碳中和愿景，减缓和适应气候变化，

共同推进人类命运共同体建设”设定为立法目的。确立气候变化减缓和适应的时间表和路线图，规定全国层面的气候变化减缓和适应的法律要求与能力建设目标。二是确立碳排放总量控制制度、碳排放影响评价制度、碳排放统计核算与报告制度、碳排放目标责任评价考核制度、低碳产品标准标识与认证制度等基础性制度。三是修改《中华人民共和国环境保护法》《中华人民共和国大气污染防治法》《中华人民共和国节约能源法》《中华人民共和国煤炭法》等专门法律，增强法律的统筹协调，确保降碳、减污、扩绿、增长协同推进。

### （五）加强数据基础设施和人才体系建设，夯实绿色低碳转型支撑

持续加强碳排放数据基础设施建设、绿色低碳人才培育，为经济社会全面绿色低碳转型提供保障。一是加快建立统一规范的碳排放统计核算体系，完善现有的基础统计制度，用好电子政务各类数字平台，提高核算准确性、全面性和及时性，增强国家碳排放核算工作的权威性。二是完善“双碳”专业人才培养的顶层设计，立足现有“双碳”专业人才培养的关键瓶颈，从立法、行政、财政等多个方面研究完善“双碳”专业人才培养的激励约束机制。三是完善碳信息的社会披露制度。政府或其他专业机构及时向社会公众披露准确的碳排放信息。推动地方碳排放和能源消费相关信息公开，尝试在全社会推行“见产品即见碳排放”的信息披露和公开机制。

### （六）健全“双碳”社会治理体系，促进公众深度参与低碳转型

一是鼓励购物、美食等平台企业，加快设置低碳产品专区，建立起社会公众随时可见可触及的低碳产品供给和展示体系，着力提升全社会分辨高碳和低碳产品的能力。二是加快建立健全碳标签体系，尽快出台产品

碳足迹核算标准，鼓励企业和社会第三方机构研发多种形式碳标签，优先在食品、服装、电子产品等领域开展碳标签政策试点。三是积极发挥非政府组织在意识普及、政策宣传、环保公益诉讼、第三方监督中的专业化作用。鼓励国内“双碳”领域非政府组织发展和国际化，形成若干具有国际影响力的机构，增强软实力。

# 第一篇
# 绿色低碳转型的战略路径

第二章

# 全球碳排放和气候治理新形势

## 一、全球碳排放仍在增长

工业革命以来，空气中积累的二氧化碳浓度不断增长。根据全球碳预算项目（Global Carbon Budget）的分析①，大气中的二氧化碳（$CO_2$）浓度已从1750年的约277 ppm（工业时代起点）增加到2021年的414.71±0.1 ppm。按照碳排放来源的不同，二氧化碳浓度上升可分为两个阶段："二战"前，大气二氧化碳浓度增加主要源自毁林和其他土地利用变化活动导致的碳排放；"二战"后，发达国家推进战后复苏，大量使用化石燃料，成为大气中二氧化碳的主要来源，且比重持续上升。化石能源燃烧产生的二氧化碳排放从1960—1969年平均91±6亿吨二氧化碳/年增加到2009—2018年平均285±15亿吨二氧化碳/年，占当年碳排放总量的比重从67.9%提高到86.4%。"二战"后全球累计的二氧化碳排放量中，82%来自化石燃料燃烧，18%来自土地利用变化。从流向看，留存在大气中的二氧化碳比重逐渐上升。从1960—1969年的平均40%，提高到2009—2018年的44.5%，剩余二氧化碳排放中，22.7%进入海洋，被海洋碳汇吸收；29.1%固定在土壤中，被陆地碳汇吸收；剩余3.7%计入统计

① Pierre Friedlingstein, et al. Global Carbon Budget 2022. Earth System Science Data 14(11):4811–4900.

误差。根据 2021 年联合国政府间气候变化专门委员会（IPCC）第六次评估报告第一工作组的《气候变化 2021：自然科学基础》报告和“决策者摘要”，到目前为止的历史累计碳排放相比工业化前水平温度上升 1.2℃，人类活动已造成气候系统发生了前所未有的变化，至少到 21 世纪中期气候系统的变暖仍将持续[①]。《巴黎协定》确立了“把全球平均气温较工业化前水平升高控制在 2 摄氏度之内，并为把升温控制在 1.5 摄氏度之内而努力”目标。根据 IPCC 第三工作组第六次评估报告[②]，在 2020 年基础上实现 2℃温升控制目标，未来全球碳排放空间为 8500 亿 ~12000 亿吨二氧化碳（50%~67% 的概率），而实现 1.5℃目标则为 5100 亿 ~7200 亿吨二氧化碳（>50% 的概率）。

当前全球碳排放的重心已是发展中国家。根据 Energy Institute2023 年统计（原碧辟能源统计），2022 年，全球化石能源利用产生的二氧化碳排放量约 344 亿吨，比 1990 年的 213 亿吨累计增长 61.5%，如图 2–1 所示，其中排放量十亿吨级的经济体包括美国、欧盟（本章欧盟指 27 个成员国，不包括英国）、印度、俄罗斯和日本，我国排放量为 106 亿吨，约占 31%；美国排放量为 48 亿吨，约占全球的 14%；欧盟作为一个整体的排放量为 27 亿吨，占全球近 8%；印度排放量为 26 亿吨，约占全球的 8%；俄罗斯（15 亿吨）和日本（11 亿吨）分别约占全球的 4% 和 3%。基础四国（中国、印度、巴西和南非）2022 年排放总量为 140 亿吨，已超过美、欧、日、韩等发达国家和地区。非洲大陆（不含南非）虽然国家较多但碳排放量低，2022 年占比合计不到全球的 3%。

---

① 联合国政府间气候变化专门委员会：《气候变化2021：自然科学基础》，剑桥大学出版社2021年版。

② 联合国政府间气候变化专门委员会：《气候变化2022：减缓气候变化》，剑桥大学出版社2022年版。

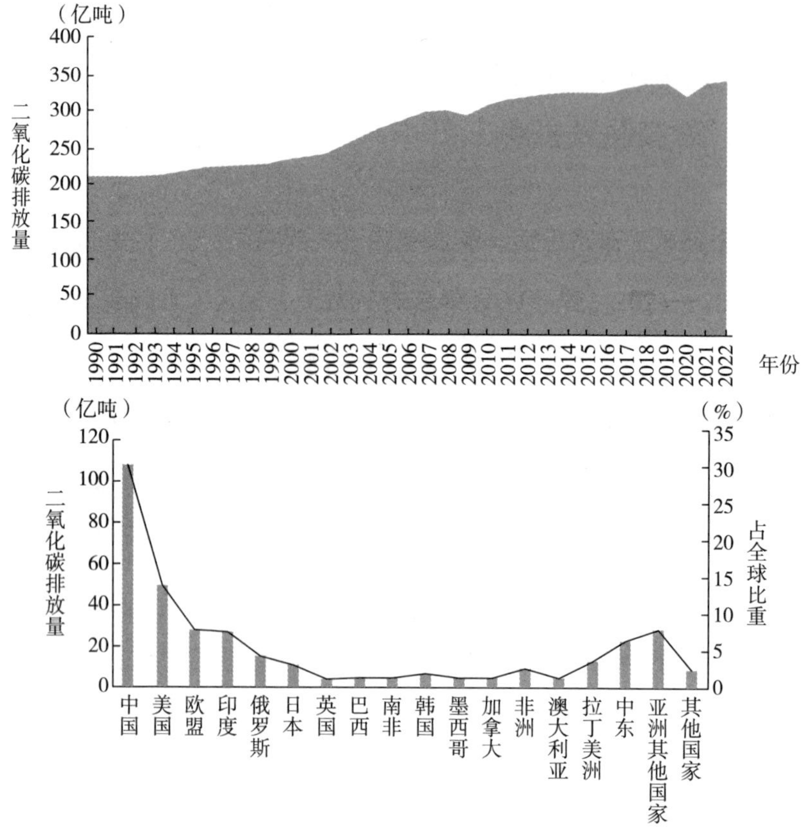


**图2-1　2022年全球化石能源利用产生的二氧化碳排放分布状况**

资料来源：https://www.energyinst.org/statistical-review.

发达国家和发展中国家处于不同的碳排放演变阶段。美国碳排放在2005年达到峰值57亿吨，之后波动下降，2022年较峰值水平降低18%。欧盟碳排放早在20世纪80年代就已达到峰值，之后缓慢下降，2022年较峰值年降低32%。印度在2009年后超过俄罗斯成为全球第四大碳排放经济体，且近些年碳排放在主要国家中增速最快，近10年年均增速为3.6%。俄罗斯自1995年以来碳排放基本稳定在15亿吨左右，日本在2003—2023年处于峰值平台期，峰值水平近13亿吨，2022年降至11亿吨以下。英国碳排放整体趋势与欧盟类似，但2005年后降幅显著快于欧盟，2022年较1990年降低42%。巴西碳排放在2014年达到峰值5.1亿吨，2022 年较峰值降低 13%。南非碳排放在 2008 年后一直保持在 4 亿 ~ 4.5 亿吨。

我国是当前年碳排放量最高的国家，但从历史累计的温室气体排放量来看仍低于欧盟并大幅低于美国。根据世界资源研究所（WRI）的统计[1]，从 1850 年到 2021 年，美国累计温室气体排放约 5580 亿吨，占全球的 21.6%，我国累计排放约 3660 亿吨，仅为美国的 65%，也比欧盟 4040 亿吨低 10%（见图 2-2）。基础四国从 1850 年到 2021 年累计温室气体排放约 5600 亿吨，仅相当于美国水平，新兴经济体近几十年发展带来的碳排放增长并不改变发达国家对当前气候变化负主要责任的事实。

从碳强度来看，主要国家分化态势一直较为明显。由于以煤炭为主的资源禀赋，我国长期以来处于较高水平，2021 年单位国内生产总值碳排放量[2]（碳强度）约为 5.8 吨 / 万美元，印度和南非分别为 7.5 吨 / 万美元和 9.7 吨 / 万美元，均明显高于全球平均水平（3.4 吨 / 万美元）。而美国、加拿大、德国、法国、日本、韩国和巴西的碳强度分别为 1.9、2.4、1.6、1.0、2.4、3.5 和 2.1 吨 / 万美元，处于相对较低水平。随着我国逐步加强煤炭消费管控、发展可再生能源以及不断推动产业结构升级，我国在 2014 年低于印度，并在 2019 年提前完成 2020 年碳强度减排目标的上限，成为在主要国家中碳强度下降速度最快国家之一。

全球人均碳排放水平保持稳定。2021 年全球人均温室气体排放量为 6.1 吨二氧化碳当量，已有近 20 年时间稳定在 6 吨左右。其中美国、加拿

① Gütschow, J.; Pflüger, M. (2022): The PRIMAP-hist national historical emissions time series v2.4 (1750–2021). zenodo. doi:10.5281/zenodo.7179775.<br>G ü tschow, J.; Jeffery, L.; Gieseke, R.; Gebel, R.; Stevens, D.; Krapp, M.; Rocha, M. (2016): The PRIMAP-hist national historical emissions time series, Earth Syst. Sci. Data, 8, 571–603, doi:10.5194/essd-8-571-2016.

② 国内生产总值数据来自国际货币基金组织（IMF），价格为2022年不变价；按照我国碳排放强度核算口径，碳排放数据使用的是能源活动的二氧化碳排放量，数据来源为WRI。

大 2021 年分别为 18.9 和 18.3 吨二氧化碳当量，虽然较历史峰值水平（分别为 1973 年的 31 吨和 2000 年的 23.8 吨）分别下降了 12.1 吨和 5.5 吨二氧化碳当量，但仍是全球最高水平。当前，中国、日本、韩国和德国的人均温室气体排放水平相近，2021 年分别为 10.1、9.3、13.3 和 9.2 吨二氧化碳当量，不过日、韩、德三国人均温室气体排放水平均已达峰，并逐渐下降，中国还处于小幅上升阶段。印度、巴西、墨西哥的人均温室气体排放水平长期稳定，近 10 年分别为 2.2 吨、5.3 吨和 5.7 吨二氧化碳当量左右。

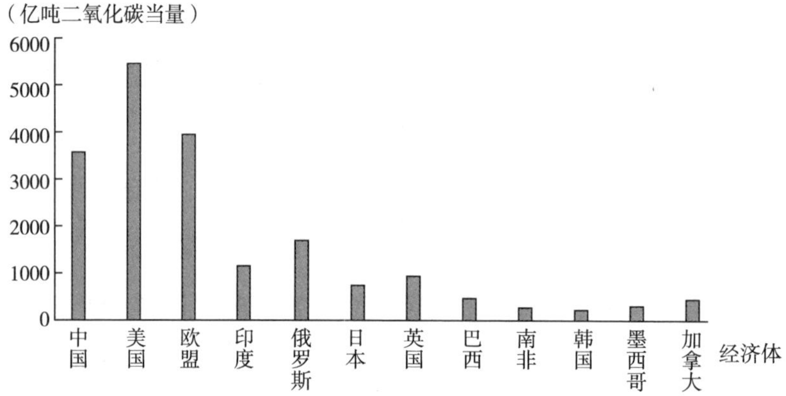


（a）1850—2021年主要经济体累计温室气体排放量

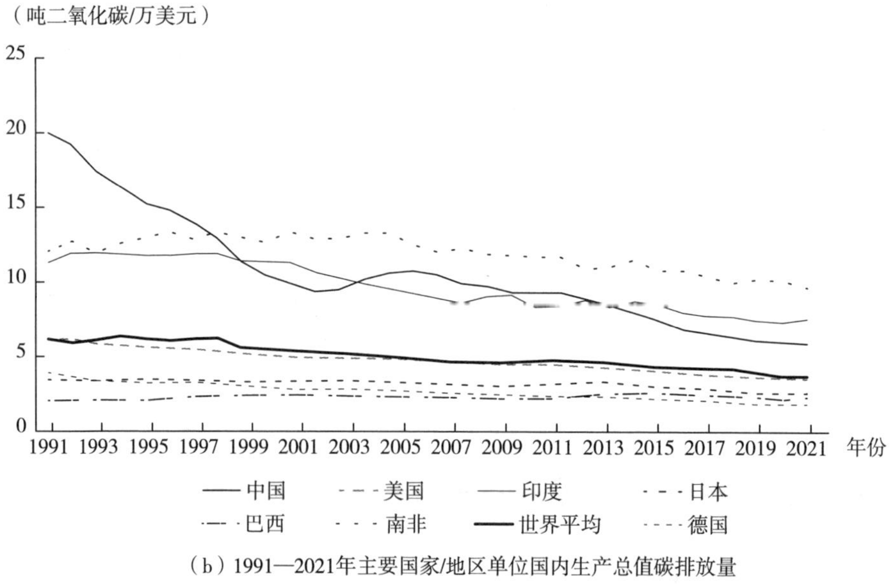


（b）1991—2021年主要国家/地区单位国内生产总值碳排放量

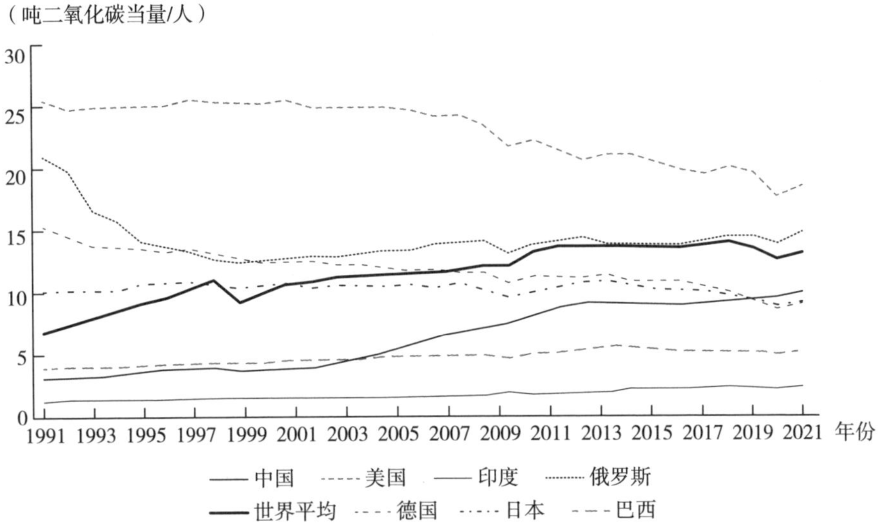


（c）1991—2021年主要国家/地区人均温室气体排放水平

**图2-2　主要国家/地区碳排放情况及趋势**

资料来源：世界资源研究所（WRI）碳排放数据库。

## 二、全球碳减排面临较大挑战

当前全球已有上百个国家和地区通过法律规定或政策宣示等先后制定了明确的碳中和目标（含气候中和、净零排放等提法；绝大多数覆盖全温室气体），不丹和苏里南已经实现了碳中和，如表 2–1 所示。其中，英国通过修改气候法将 2050 年气候中和目标最早纳入法律；欧盟提出到 2030 年相对 1990 年减排 55%，2050 年实现净零排放，并通过立法予以保障；美国提出 2030 年相对 2005 年减排 50% ~ 52%，2050 年实现净零排放的目标。我国在抗击新冠疫情并筹谋疫情后经济恢复和长远发展的过程中，强化绿色复苏、低碳转型政策导向，统筹自身高质量发展和经济安全与全球应对气候变化的国内国际两个大局，明确提出了“二氧化碳排放力争于 2030 年前达到峰值，努力争取 2060 年前实现碳中和”。单看碳中和时点，我国比发达国家约晚 10 年，但从峰值到中和，我国将仅用 30 年左右的时间，比美国、欧盟和英国分别快 13 年、41 年和 29 年。

**表2-1 提出明确碳中和目标的国家和地区（截至2021年底）**

| 国家/地区 | 目标年份 | 国家/地区 | 目标年份 |
|---|---|---|---|
| 美国 | 2050 | 中国 | 2060 |
| 欧盟 | 2050 | 印度 | 2070 |
| 奥地利 | 2040 | 巴西 | 2050 |
| 丹麦 | 2050 | 南非 | 2050 |
| 芬兰 | 2035 | 印度尼西亚 | 2060 |
| 法国 | 2050 | 智利 | 2050 |
| 德国 | 2045 | 哥伦比亚 | 2050 |
| 匈牙利 | 2050 | 哈萨克斯坦 | 2060 |
| 爱尔兰 | 2050 | 乌拉圭 | 2030 |
| 葡萄牙 | 2050 | 哥斯达黎加 | 2050 |
| 斯洛伐克 | 2050 | 泰国 | 2065 |
| 西班牙 | 2050 | 马拉维 | 2050 |
| 瑞典 | 2045 | 牙买加 | 2050 |
| 荷兰 | 2050 | 斐济 | 2050 |
| 比利时 | 2050 | 尼日利亚 | 2060 |
| 卢森堡 | 2050 | 沙特阿拉伯 | 2060 |
| 斯洛文尼亚 | 2050 | 阿根廷 | 2050 |
| 拉脱维亚 | 2050 | 马绍尔群岛 | 2050 |
| 意大利 | 2050 | 老挝 | 2050 |
| 马耳他 | 2050 | 塞舌尔 | 2050 |
| 英国 | 2050 | 多米尼加共和国 | 2050 |
| 加拿大 | 2050 | 越南 | 2050 |
| 日本 | 2050 | 阿联酋 | 2050 |
| 澳大利亚 | 2050 | 巴林 | 2060 |
| 挪威 | 2050 | 尼泊尔 | 2050 |
| 瑞士 | 2050 | 巴拿马 | 2050 |
| 冰岛 | 2040 | 纳米比亚 | 2050 |

续表

| 国家/地区 | 目标年份 | 国家/地区 | 目标年份 |
|---|---|---|---|
| 韩国 | 2050 | 毛里求斯 | 2050 |
| 乌克兰 | 2060 | 马尔代夫 | 2050 |
| 新西兰 | 2050 | 巴巴多斯 | 2050 |
| 俄罗斯 | 2060 | 所罗门群岛 | 2050 |
| 以色列 | 2050 | 佛得角 | 2050 |
| 土耳其 | 2053 | 格林纳达 | 2050 |
| 安道尔 | 2050 | 瑙鲁 | 2050 |
| 斯里兰卡 | 2050 | 马来西亚 | 最早2050 |
| 摩纳哥 | 2050 | 苏里南 | 已实现 |
| 梵蒂冈城 | 2050 | 不丹 | 已实现 |

资料来源：课题组根据公开资料整理。

结合对国家自主贡献、碳达峰及碳中和目标的梳理、专家判断及假设，课题组对2050年全球能源碳排放格局进行了估计和测算，如图2-3所示。总体而言，到2050年，发达国家以及巴西、南非按照其碳中和目标实现零碳排放，中东地区由于发达的经济水平也具备实现零碳的条件，其他国家和地区则仍需要不同程度的碳排放空间来继续发展转型。预计全球2050年碳排放总量约为94亿吨，相比2018年下降70%。印度、非洲（不含南非）和亚洲其他国家（不含中印日韩、东南亚）需要相对多一些的增量排放空间来发展经济社会和消除贫困。印度已经提出了明确的2070年碳中和目标，预计将在2040年左右达到碳峰值；非洲（不含南非）和亚洲其他国家（不含中印日韩、东南亚）预计将在2050年左右达到碳峰值。其中，印度2050年碳排放预计约为28亿吨（相对2018年增加20%），约占全球的30%，是届时最大的碳排放国。到2050年，我国人均碳排放预计为1.8吨，仍低于俄罗斯，与印度、亚洲其他国家、欧洲其他国家人均碳排放水平大致相当。

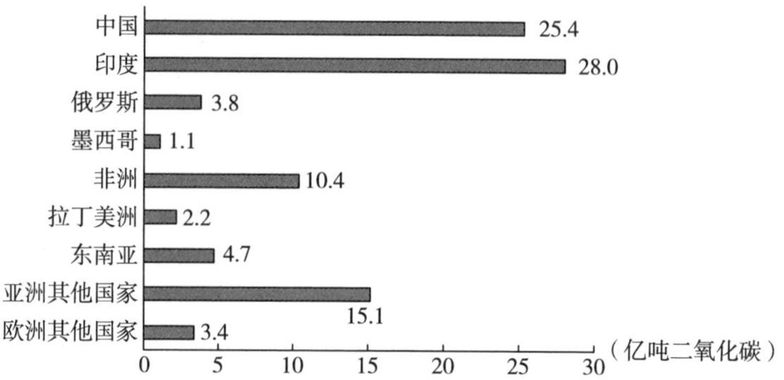


（a）2050年全球碳排放格局

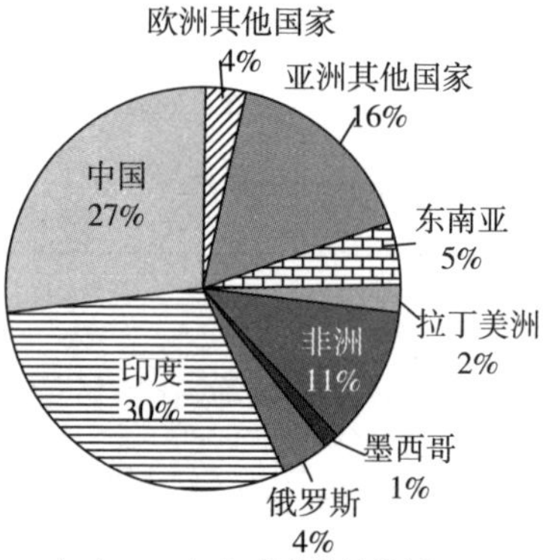


（b）2050年全球碳排放格局

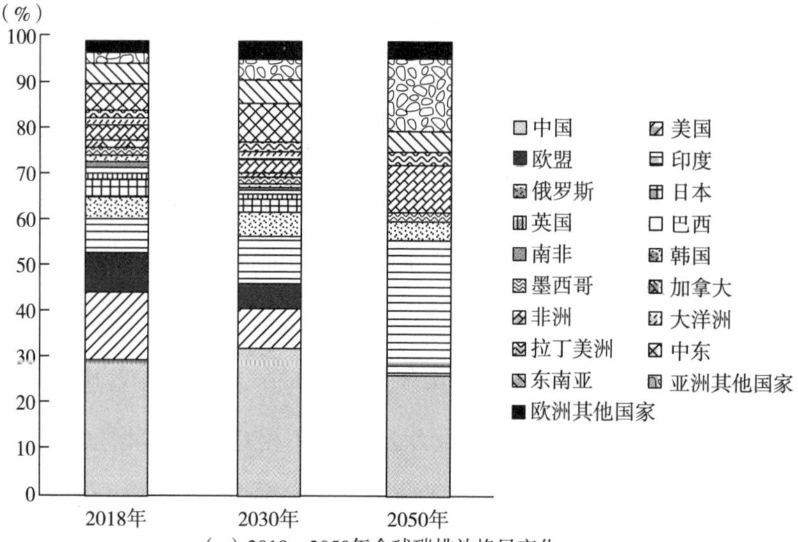


（c）2018—2050年全球碳排放格局变化

**图2-3　2050年全球碳排放预计格局**

资料来源：课题组根据公开资料整理。

## 三、全球气候治理新格局初步形成

自 1992 年里约会议以来，经过约 30 年的争论、合作，各国政府已就控制温室气体排放、应对气候变化形成全球共识。2015 年联合国气候大会通过《巴黎协定》，确立了“把全球平均气温较工业化前水平升高控制在 2 摄氏度之内，并为把升温控制在 1.5 摄氏度之内而努力”目标为指引、以“自下而上”国家自主贡献（NDC）行动计划为基础、以全球集中盘点为激励的新机制。2021 年 11 月英国格拉斯哥气候大会顺利召开，近 200 个缔约方签署了《格拉斯哥气候协议》（*Glasgow Climate Pact*），推动世界进入全面落实《巴黎协定》的新阶段，目前实现碳中和潮流已然势不可挡。不过当前各国自主贡献目标距离全球实现 2℃目标的成本最优减排路径尚有较大差距，需要进一步提高减排力度。

随着越来越多的国家特别是发达国家提出长期减排目标，全球气候治理中也出现了“道德绑架”苗头。2021 年美国重返《巴黎协定》并在 2021 年 4 月 22 日地球日举办全球领导人气候峰会，向各国施压提升减排目标。在联合国气候大会、二十国集团等多边平台，发达国家刻意淡化《联合国气候变化框架公约》所确立的公平、共同但有区别责任和各自能力以及可持续发展原则，片面追求“减缓”议题，有意忽略“资金”“技术”“能力建设”等发展中国家需要解决的议题。这种做法实质上影响了发展中国家减排能力的提升，对全球气候治理不利。

当前全球气候治理最紧迫的，仍然是要有效敦促各国落实并加强近中期减排行动。《巴黎协定》对全球长期温升控制目标的描述，是在统筹考虑气候变化减缓与适应、影响与损失、减排成本与代价，考虑应对气候变化与经济、社会、环境等多方面相互影响的科学评估基础上形成的各方共识，是来之不易的成果。由于各国国情、发展阶段和应对气候变化能力不同，所面临的气候风险和可持续发展重点领域也有差异，因此，未来气候治理需要协调各方利益诉求与全球合作进程，促进合作共赢的共同行动。我国也将一如既往地发挥在全球气候治理中负责任大国作用，积极发挥发展中大国影响力，加强与各国及国际组织交流和沟通，在气候谈判各议题的进程中发挥引领作用。

第三章

# 以绿色低碳转型推进碳达峰碳中和势在必行

## 一、碳达峰碳中和顺应国际潮流和高质量发展要求

在全面建成小康社会之后，我国已踏上建设社会主义现代化国家的新征程。深刻认识我国社会主要矛盾变化带来的新特征新要求，错综复杂的国际环境带来的新矛盾新挑战，坚持把高质量发展作为第一要务，必须坚定不移贯彻创新、协调、绿色、开放、共享的新发展理念，着力推动构建新发展格局。绿色低碳发展是我国生态文明建设的客观要求，也是全球可持续发展的历史大势。

### （一）绿色低碳转型是世界发展大势和全球竞争“新赛道”

#### 1. 发达国家均高度重视通过绿色低碳转型来实现碳中和

全球碳中和潮流中，各国均开始大力推动绿色低碳转型，全球绿色低碳发展“新赛道”正逐步形成。美国 2021 年重新加入《巴黎协定》，并于 2021 年和 2022 年分别通过了《基础设施法案》和《通胀削减法案》等，支持低碳技术、原材料、产业和配套基础设施的发展。欧盟 2018 年发布的“全人类的清洁星球：建立繁荣、现代、有竞争力且气候中和的欧盟经济体的长期战略愿景”中，提出发展清洁互联的交通、智能网络基础设施、零排放建筑及完全脱碳的能源供应。2019 年欧盟新一届理事会颁布

《欧洲绿色新政》，更加系统地提出了以全面绿色转型为核心的施政纲领，并明确了 8 大重点任务，覆盖了经济社会各领域（见图 3–1）。

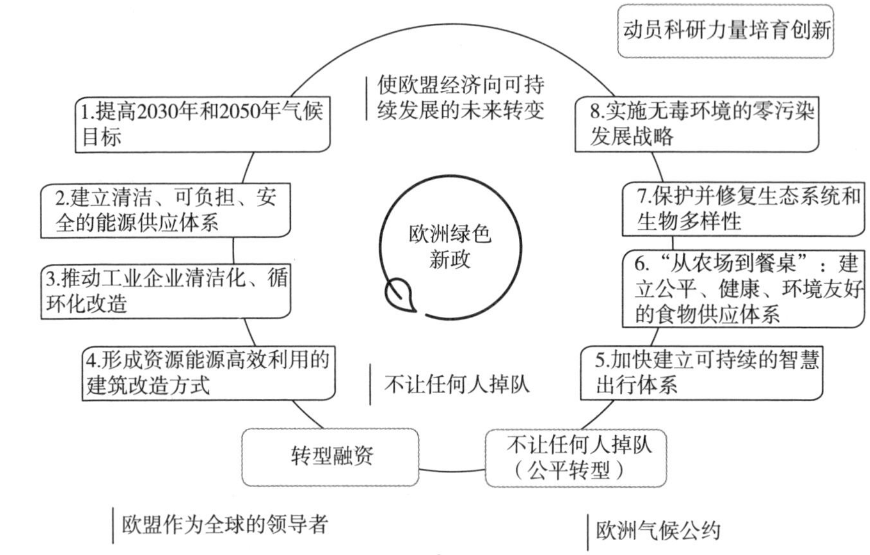


**图3-1 《欧洲绿色新政》内容概要**

资料来源：欧盟委员会，《欧洲绿色新政》，2019年12月。

日本在《2050 年碳中和绿色增长战略》中提出要转变传统思维方式，积极采取措施促进产业结构和经济社会变革，提出了 14 个重点领域的节能减碳方案（见图 3–2）。

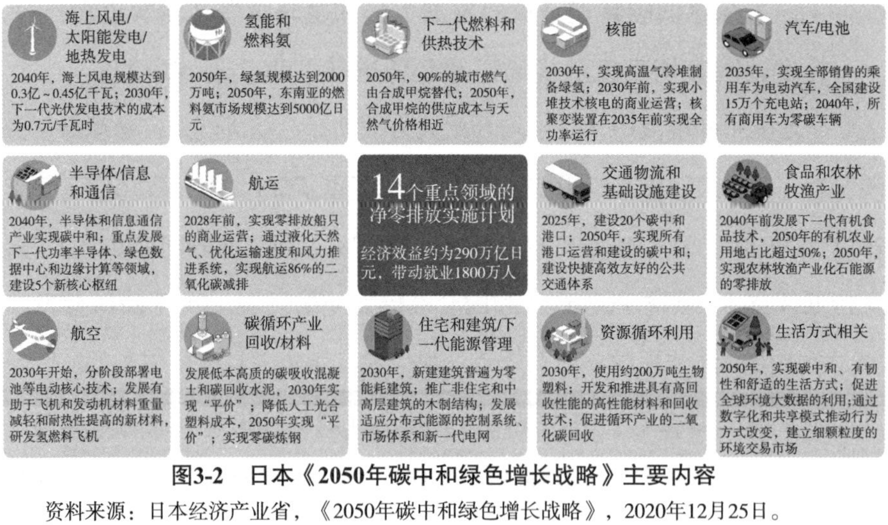


**图3-2 日本《2050年碳中和绿色增长战略》主要内容**

资料来源：日本经济产业省，《2050年碳中和绿色增长战略》，2020年12月25日。

### 2. 能源绿色低碳转型是实现全球碳中和目标的关键领域

国际能源署在《2021年世界能源展望》全球零碳情景中，提出2050年全球可再生能源比重将由2020年的12%提高到67%，核能比重由5%提高到11%，油气煤合计由79%降至23%，终端能源电气化率由20%升至49%，氢从0升至6%。

2021年11月，美国国务院和总统办公室发布《美国长期战略：2050年净零温室气体排放路径》，把2035年率先实现电力系统碳中和作为核心举措。美国劳伦斯伯克利国家实验室的研究指出，为达到温室气体中和目标，美国2050年非化石能源占比将从2020年的15%升至71%，石油从39%降至18%，天然气从31%降至11%，煤炭会完全退出。

欧盟在2021年“Fit for 55”一揽子减碳计划中提出，到2030年可再生能源占比要达到38%～40%。日本提出，到2050年实现电气化率较目前提高一倍以上，并以可再生能源及核电为主实现电力系统碳中和。英国政府的《能源白皮书》也提出了零碳电力系统、居民生活低碳供暖方案、低碳产业集群、停售燃油车等能源绿色低碳转型措施。

## （二）碳达峰碳中和工作是新发展阶段推动构建新发展格局、实现高质量发展的重要抓手

面对世界百年未有之大变局和新冠疫情带来的广泛而深远的影响，在新发展阶段推动构建以国内大循环为主体、国内国际双循环相互促进的新发展格局是中央重大战略部署，也是我国实现高水平科技自立自强，确保在风云变幻的国际格局中实现现代化目标的重要抓手。实现碳达峰碳中和，对内可破解资源环境约束，不断提高全要素生产率、倒逼产业转型升级，对外有助于营造对我国有利的国际环境和培育绿色低碳产业比较优势，内外协力可有效推进新发展格局的构建。

**1. 以碳达峰碳中和为抓手倒逼资源利用效率提升和产业优化升级**

我国仍然处于现代化进程中，与主要发达国家的发展水平仍有较大差距。按照世界银行的统计，欧洲主要发达国家、欧盟整体和日本的人均GDP已长期稳定在3万～4万美元水平，美国更是接近6万美元，而我国人均GDP刚越过1万美元。能源效率反映一个国家微观经济效率、宏观经济发展水平和产业结构。2020年我国单位GDP能耗是美国的2倍、韩国的2.3倍、德国的3.7倍、日本的3.9倍。虽然在相同的人均GDP水平上，我国能源利用效率是全球最高的，但目前仍明显低于发达国家，未来仍需持续大力追赶。

我国实现碳达峰目标的阶段，正是我国实现社会主义现代化的关键阶段。主要发达国家的碳减排，是在人均GDP达到2万～4万美元、全要素生产率对经济增长贡献达70%、第三产业比重普遍超过70%、煤炭消费比重普遍低于20%的情况下开始推动的。作为发展中大国，我国到2035年基本实现社会主义现代化，人均GDP要达到2万美元（2020年不变价）；到本世纪中叶建成社会主义现代化强国，人均GDP还要再翻一番至4万美元（2020年不变价）。面对艰巨的发展任务，“双碳”工作不仅不能阻碍发展，反而要成为我国发展的机遇和增长的新动力。因此，我国“双碳”工作必须更加重视发展与减排的统筹，走出一条与发达国家“先发展再减排”道路完全不同的现代化新路。这需要从节约优先、结构优化、能源低碳、技术为本、机制完善和全民行动等多个方面推进经济社会的全面绿色低碳转型，加快寻找、培育和壮大若干既可减排又能发展的“低碳新赛道”，推动绿色新业态发展，开拓新兴产业国际市场，构建以绿色低碳为底色的国内国际双循环新发展格局。这也与全球绿色低碳转型发展同向而行。

**2. 绿色低碳转型有望成为我国抢占全球竞争“新赛道”的重大机遇**

中共十八届五中全会提出必须牢固树立并切实贯彻新发展理念，坚持绿色发展，坚定走生产发展、生活富裕、生态良好的文明发展道路。新时代的十年我国经济社会发展全面绿色转型，取得了显著成效。然而，也需清醒地认识到我国目前仍处于工业化、现代化的进程中，发展仍然不平衡不充分，总体上处于“新赛道”的起步期。

全球碳中和潮流下，绿色低碳转型相关的制造业和服务业将成为各国未来产业竞争的关键领域。我国在风电、光伏、动力电池、电动汽车等制造业领域已形成了较强的国际竞争优势，在数字、航空、新材料等领域形成的技术和产业基础也有望进一步助推绿色低碳产业发展。巩固、提升这些产业，可有效促进我国在绿色低碳发展的“新赛道”上获得新的比较优势，更快形成实现经济高质量发展的新动能。

**3. 从数字化和低碳化寻找支点是持续提高全要素生产率实现经济长期增长的最优选择**

2010 年以来，我国劳动年龄人口增长逐渐由正转负，2020 年老年人口抚养比达 19.7%，较 2010 年上升 7.8 个百分点；我国近些年储蓄率从 2010 年达峰后震荡回落，“十三五”时期平均为 44.9%，较 2010 年的峰值水平（50.65%）下降了 5.75 个百分点。劳动年龄人口减少、储蓄率回落，使得依靠低成本劳动力投入和低价格资本投入的传统潜在增长能力开始减弱，我国经济潜在增长率也逐渐从改革开放以来的 10% 左右逐步降至“十四五”时期的 5.5% 左右。加快培育全要素生产率成为实现长期稳定发展的关键。

改革开放以来的 40 余年中，我国全要素生产率平均拉动经济增长 3.1 个百分点，贡献率约 33%（见图 3–3），而发达国家全要素生产率的贡献率普遍在 70% 左右。我国过去全要素生产率的提升主要源自五个方面：加大对外开放以更好发挥后发优势、推动资本和劳动力按市场规律流动配置、加强教育提升人力资本、加速科技进步和推进体制改革，其中，劳动力自由流动与对外开放的贡献合计达59%。随着城镇化水平不断提升和国际环境日益复杂，未来这两个方面贡献的增长动力会逐步减弱。我国将进入需要更多依靠科技创新驱动、提升人力资本和深化体制改革来培育全要素生产率的新阶段。

放眼全球，数字科技兴起和绿色低碳转型正在引领新一轮科技革命，也成为世界可持续发展的主方向。我国工业化已进入中后期，城镇化也从注重速度向注重质量转变，支持经济增长的房地产、基建等传统动能惯性犹存，但已然乏力；数字化和低碳化新动能起势喜人，但发展壮大尚需时日。顺势而为，需要我国围绕“数字化、低碳化”领域加大投资力度，推动更多科技创新、培育更多人力资本、深入推动体制机制改革，为高质量发展增加新的动力源。

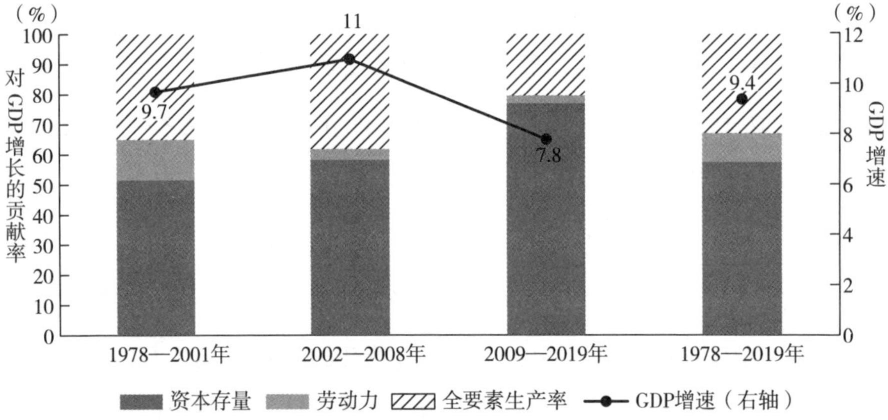


**图3-3 我国历史潜在增长率分析**

资料来源：课题组根据国家统计局数据整理测算。

## （三）实现碳达峰碳中和体现我国推动建设人与自然生命共同体的大国担当

改革开放以来，我国一方面深化改革，一方面通过开放积极融入经济全球化进程，经济社会发展取得了卓越的成绩。综合国力显著提升，人民生活水平持续改善，经济总量跃居全球第二、人均 GDP 超过 1 万美元，历史性地在中华大地上消除了绝对贫困。过去 20 年中国对全球经济增长的直接贡献达到 26.8%，每年生产全球 50% 以上的主要工业产品，并出口大量低价高质产品，提高全球消费者福利。由此，我国也形成了较重的产业结构和较高的碳排放水平，依据世界资源研究所（WRI）数据，我国碳排放总量占全球 30% 左右。在应对气候变化的减碳浪潮中，作为应对气候变化的积极参与者、贡献者和引领者，中国将发挥越来越重要的作用。

面对以数字化和绿色化为主要特征的新一轮技术革命，我国实现绿色低碳转型既面临严峻挑战，也面临前所未有的发展机遇。只有坚持党的全面领导、充分发挥我国巨大的市场优势、日益增强的绿色低碳技术优势，坚持高水平开放，才能在实现现代化建设目标的同时，为全球减碳作出更大贡献。同时，我国绿色低碳战略的制定和实施，也将为其他国家，特别是广大发展中国家推进本国绿色低碳发展提供借鉴和参考。

在全球绿色低碳转型的大潮中，低碳技术供给不足、低碳产业投资不够和越来越频繁的极端天气灾害是人类当前和未来相当长一段时间内必须直面的共同挑战。从本质上看，碳中和的路径是在碳排放约束下，通过定向开发绿色低碳技术、创新商业模式，实现经济持续增长和碳排放持续降低的高质量发展路径。对中国这样的发展中大国，一方面，碳达峰碳中和目标的确立，意味着经济发展路径和空间将受到“碳”约束，中国未来经济发展面临巨大转型压力和与之相伴的巨额转型成本；另一方面，绿色低碳转型也孕育着低碳产业发展新机遇，我国有望凭借自身有利条件，统筹好发展与减排、短期与长期的关系，打好绿色低碳发展的“持久战”，在先立后破中实现弯道超车。

## 二、碳达峰碳中和工作面临多方面挑战

### （一）碳排放约束带来的减排压力和能源保供问题将贯穿整个现代化发展全过程

从国内环境来看，我国仍处于现代化进程中，经济增长任务仍然较重，我国的人均基础设施资本存量仅有发达国家的 20%～30%，对基础原材料的需求将长期保持高位，包括钢铁、建材、有色、石化在内的高耗能行业约占当前全国工业增加值比重的 30%，二氧化碳排放比重超过 50%。第三产业的发展、居民消费规模扩大和生活品质升级，还将持续驱动能源和资源的消耗。这使得我国在保持增长不变的情况下将面对比发达国家更大的减排压力。从国际环境来看，我国在未来相当长一段时间内都将是全球第一大排放国，面临的国际舆论压力不言而喻，也客观上增加了统筹发展和减排的难度。为实现经济增长，我们面临在加快绿色低碳能源发展过程中保障能源安全供应的严峻挑战。加之全球产业竞争日益加剧，经贸政治化风潮渐起，我国优势新能源产业发展面临更趋复杂的国际环境。

### （二）低碳技术亟须突破，创新能力是主要短板

科技创新是绿色低碳转型的核心驱动力，需要为全球应对气候变化提供最终解决方案 。然而，绿色低碳技术发展现状与各国政府提出的净零排放承诺脱节，知识和技术供给不足正制约着全球减排进程。国际能源署研究表明，约有 35% 用于支撑全球碳中和的技术仍在原型期或示范期。此外，技术创新需要基础设施配套和产业组织方式调整，技术推动产业，而创新进程的不确定性使配套调整的难度增加。我国在新能源科技领域已走在世界前列，巩固产业优势和实现进一步发展对原始创新的需求越来越迫切，这需要我们更加清醒地认识创新能力的短板。一方面，创新基础仍

不牢固。实现绿色低碳创新所需的新材料、基础算法、控制系统、工业软件、精密部件、集成工艺等理论和技术积累仍滞后于发达国家，低碳技术创新的能力仍需加强。另一方面，创新环境仍需不断改善。统筹谋划和协同推进低碳领域科技创新仍需加强，产业关键共性技术供给体系存在结构性缺陷，低碳技术的市场需求和研发方向匹配度有待提高。科研创新管理分散，政策合力不足。

### （三）将碳减排真正内嵌于经济发展中的制度体系仍待完善

碳达峰碳中和工作涉及经济社会各领域，以低成本高效率实现绿色低碳转型需要系统谋划、统筹多个政策目标，这对政府部门的统筹协调能力提出了更高要求。碳达峰碳中和“1+N”政策体系已基本建立，但部分政策存在目标不清、抓手不牢、落实困难等问题，低碳政策之间和与其他宏观政策之间协同性不足，各部门、各地区的工作统筹协调难度大。例如，在提出“双碳”目标后，我国以能耗双控为核心的能源和减排管理机制需要调整，并逐步向以碳排放管控目标为核心的管理机制过渡。我国应对气候变化、“双碳”和节能工作均具备固有的管理和工作体系，工作内容和目标重叠交叉较多，需要加强统筹。碳定价体系尚未发挥引导资源配置的实质性作用，碳核算、碳交易、碳金融等配套机制仍需完善。绿色低碳的规范、标准体系覆盖面不足、科学性不强、与政策衔接度不够的问题突出。

### （四）低碳意识不足和基础能力滞后的情况有待改善

一些政策制定和实施的过程及效果不尽如人意，也反映出低碳意识和基础能力等更深层次的问题。一是低碳转型的社会共识不足，居民消费行为和生活方式尚未明显转变，绿色消费需求不旺限制了绿色产品的供给。二是基层政府和企业管理人员对相关知识和政策了解程度不高，缺乏系统性思维，以“文件落实文件”、以目标代替手段等做法使得“碳冲锋”和“运动式减排”的现象并存，治理能力仍待提高。三是基础能力仍然欠缺，数据信息准确度不高，管理流程清晰度不够、管理平台效率不高、核算方法和评价工具科学性不强等问题长期存在，无法有效支持科学决策和政策落实，信息不对称更可能引发市场预期不明等问题。四是相关领域的人才不足，不仅体现在低碳技术领域的科研人才方面，还包括工程建设、装备制造行业，能效管理、碳核算等相关服务行业，以及碳资产管理等金融服务行业。调研显示，我国某招聘网站上，绿色低碳技能人才的招聘约占2021年全国招聘岗位数量的50%，也充分体现了中国市场对绿色低碳人才的旺盛需求。

### （五）低碳转型面临各种不确定性，风险防控形势更加复杂

实现碳达峰碳中和目标将伴随我国现代化全过程，且时间长、范围广、任务重，我们将面临参与全球竞争、技术不确定性带来的各种风险，也会面临长期目标与短期目标矛盾、发展与减碳矛盾处理不妥带来的风险。我们不但要避免降碳过程中因措施不当造成的能源安全、产业链供应链安全、粮食安全等风险，还要关注转型成本高导致增长失速而产生的经济、金融、社会风险，更要特别关注来自外部的打压遏制随时可能升级的风险。既要关注煤炭保供、油气对外依存度高等传统能源安全风险，更要注重新能源矿产供应、低碳技术壁垒等新增风险。此外，技术发展和迭代，尤其是颠覆性技术的出现将给产业链重构和产业竞争力带来剧烈变化，可能导致既有企业破产、产业衰落，形成巨大搁置成本并由此带来的金融风险也值得关注。尤其是我国以煤为主的资源禀赋和以此为基础的能源资源供应体系将可能受到强度更高的冲击，带来更大的搁置成本。

## 三、以绿色低碳转型推进碳达峰碳中和具备有利条件

尽管挑战巨大，但我国具备产业链完整度高、低碳产业基础强、低碳投资能力强以及超大规模市场空间、超大规模人才储备等有利条件，在中国共产党的坚强统一领导下，有能力妥善应对风险挑战、成功实现化危为机，在推动经济高质量发展过程中稳步实现碳达峰碳中和。

我国拥有全球门类最齐全的产业体系、最复杂的各类制造业链条、最完备的配套基础设施，在世界500种主要工业产品中，我国超四成的产品产量位居世界第一。我国已经建成全球最大的钢铁、有色、建材和化工等基础原材料产业体系；持续推动装备制造业升级，工业母机产业自主开发能力显著提升，国产机床和关键工业零部件的市场占有率大幅提高；正着力建设全球最先进的以5G、人工智能为代表的新型数字基础设施体系和现代物流体系，为产业持续集成提速提供了扎实基础。“世界工厂”的产业基础，有望加速推动我国绿色能源、低碳产品、数字设备、降碳服务等产业的发展壮大，形成新的经济增长点。

我国培育了具有全球竞争力的风电、光伏、新能源汽车及动力电池、高铁等产业链完整的低碳产业集群，技术水平和产业规模均位于世界前列，正不断逼近或已处在创新前沿。以光伏为例，2021年，中国光伏产业链各环节的产量占全球的比重均超过75%，中国企业在多个技术路线上屡次打破最高效率纪录，产品出口到200多个国家和地区。在推动这些新产业发展过程中，我们提高了制定和实施产业政策的能力，更培育和催生了一批创新型企业和企业家。随着国家创新体系的不断完善、绿色发展理念深入人心、要素市场化改革深入推进，我国有望继续在低碳产业方向上持续发力，通过提供更有竞争力的低碳产品，为全球低碳转型提供强劲动力。

我国具有较强的低碳投资能力。实现绿色低碳转型需要规模巨大的投资，根据多个机构预测，全球2050年实现碳中和需要100万亿～200万亿美元的投资，年均投资规模为全球年GDP的4%~10%。一些研究表明，中国要实现碳中和，需要额外的投资为100万亿~300万亿元。中国经济总量规模和资金供应能力位居世界前列，具备为国内和全球低碳转型各领域和各环节提供系统化、大规模投资的能力。中国在绿色投资领域已有一定积累，是全球三个建立了完整绿色信贷指标体系的经济体之一，已初步形成绿色贷款、绿色债券、绿色基金等多层次绿色金融产品和市场体系。我国的本外币绿色贷款存量规模为15.9万亿元，居全球第一；绿色债券累计发行规模1.4万亿元，居全球第二。

我国具有容纳各种低碳技术发展的广阔市场空间。实现碳达峰碳中和目标，需要开发和推广使用大量低碳新技术、催生大量绿色低碳新企业。依据世界资源研究所（WRI）数据，目前我国每年100亿吨左右的二氧化碳排放量意味着减排市场空间巨大，在单一市场上可容纳足够多的新技术进行迭代创新，有利于迅速降低新产品成本和加快新产业发展。如我国每年都将新增1亿千瓦以上的风电、光伏等新能源装机，涉及的应用场景既有集中式也有分布式，系统形态既有单纯电力供需，也有冷、热、电、氢匹配的多能互补。丰富的资源条件、庞大的市场规模、多样化的应用场景，可有力支撑新能源领域的科技创新和产业发展。

我国有大规模的低碳产业人才储备。推动低碳技术创新和经济低碳转型重点靠人才。目前，我国已初步建立规模宏大、结构合理、素质优良的专业技术人才队伍，工程技术人才规模居世界第一。2020年，全国技能劳动者数量超过2亿人，其中高技能人才超过5000万人；全国研发人员全时当量346万人年。工程教育体系不断完善，工程教育规模居世界第一。2021年，全国共有288所普通高等学校开设工程教育，开设了1977个工科专业，专业认证体系已覆盖所有专业大类，当年普通本科工学毕业生人数 140.4 万人；2021 年，我国有技工学校 2492 所，在校生 426.7 万人，向社会输送 108.7 万名毕业生[①]。这为我国推动低碳技术创新和产业发展提供了充足的人才基础和有力支撑。

## 四、以绿色低碳转型推进碳达峰碳中和的基本要求

综合来看，应对气候变化面临众多难题，需要承担巨大的经济和社会成本，这是各国实现低碳转型面临的共同挑战。同时也要客观认识我国绿色转型具有的现实基础和潜在优势。实现“双碳”目标，需坚持以全面绿色转型为引领，积极培育各领域绿色发展潜力，以加快建立新赛道国际竞争力应对转型冲击，以长远收益对冲转型成本。为此需要立足国情，全球谋划、全面转型、先立后破。

本着立足国情的要求，我国要始终把发展放在第一位，确保到 2035 年人均 GDP 比 2020 年翻一番（不变价），再参考发达国家在相同发展阶段的经验，力争到 2060 年人均 GDP 比 2035 年再翻一番（不变价）；能源领域着力统筹低碳转型与安全保障，既要客观认识短中期内，以煤为主的化石能源作为能源安全保障的基础和主力地位不可动摇，也要认识到中长期非化石能源逐步替代化石能源的大趋势不可阻挡，坚定做大做强新能源产业的战略方向。

本着全球谋划的要求，在能源资源领域要立足我国能源特征，提升国内基本保障能力，构建能源国际多元化供给格局，确保转型和发展中的能源安全，支撑传统工业保持全球竞争力和产业升级，以强大经济实力为应对全球百年大变局提供坚强物质支撑。面向全球布局可再生能源、电动汽

① 国家统计局：《中国统计年鉴2022》，中国统计出版社2022年版。

车等新兴技术和相关制造业、服务业，发挥自身产业链、供应链完备的优势，为全球绿色低碳转型供给更多物美价廉的绿色产品。以国内经济社会发展全面绿色转型实绩，参与和引领构建全球生态文明治理新格局。

本着全面转型的要求，持续调整和优化经济结构，加快建设现代产业体系，支撑经济现代化转型。特别是要以数字化和绿色化双转型为抓手，大力发展战略性新兴产业，推动传统产业的数字化和绿色低碳循环转型。城镇化要逐步从数量扩张转向质量提升。能源系统既要立足以煤为主的基本国情，抓好煤炭清洁高效利用，又要加快规划建设新型能源体系。

本着先立后破的要求，我国需加快绿色低碳新动能的形成，实现绿色低碳产业的快速增长。推动战略性新兴产业、高技术产业、现代服务业加快发展；培育壮大节能环保产业、清洁能源产业，加快发展新能源、新能源汽车、新材料、氢能等产业，特别是要将构建以可再生能源为基础的新型电力系统作为实现能源低碳转型的重要战略抓手，稳步替代高排放的传统电力系统。加快传统产业的绿色转型升级，淘汰落后产能；发展循环经济，推动再生资源清洁回收、规模化利用和集聚化发展。力争绿色产业增加值占国内生产总值的比重不断提升。

第四章

# 以绿色低碳转型实现碳达峰碳中和的路径

## 一、以绿色低碳转型设定碳达峰碳中和实现路径

国内外机构关于中国碳达峰碳中和开展了大量的情景分析，有些研究从碳减排政策强度入手设置情景，如设置常规政策情景、低碳政策情景、强化低碳政策情景等；有些研究针对碳税、碳市场、行政手段等具体减排政策设定情景；有些研究从温控目标入手设置情景，如提出自主贡献目标情景、2℃目标情景、1.5℃目标情景（见附表 4–1）。本研究强调要通过实施全面绿色低碳转型以实现碳达峰碳中和目标，根据转型速度的快慢来设定转型路径的不同情景。本研究以 2020 年为基准年，基准年碳排放数据和路径分析广泛参考相关公开研究结果[①②③]，未来的情景结果仅反映大致趋势，任何单一年份的碳排放数据都不适宜用作独立解释。

全面绿色低碳转型涉及经济社会发展方方面面，对减排和经济发展的影响均有差异，可有多种假设情景。总体而言，全面转型更快更成

① 魏一鸣，余碧莹，唐葆君，等：“中国碳达峰碳中和时间表与路线图研究 ”，载《北京理工大学学报（社会科学版）》，2022年第24卷第4期，第 13–26页。

② 张希良，黄晓丹，张达，等：“碳中和目标下的能源经济转型路径与政策研究”，载《管理世界》，2022年第1期，第35–51页。

③ 世界自然研究所（WRI）数据库，https://www.climatewatchdata.org/ghg–emissions。

功，中长期的潜在增长能力会更强，到 21 世纪中叶的经济发展水平也会更高，同时碳排放量也会更低；反之转型越迟缓，中长期的经济增长新动力越匮乏，碳减排的成效也越差。据此，本研究设定三种情景，即基准情景、转型更快情景和转型偏慢情景。三种情景设置中，宏观经济社会发展假设都基于现代化强国的战略部署，总体不偏离既定发展目标要求，但转型更快情景的增速更高，反之亦然。具体情景假设如表 4-1 所示。

**表4-1　统筹发展与减排实现碳达峰碳中和目标的路径情景设置**

| 情景 | 发展因素 | | 减排因素 |
|---|---|---|---|
| | 宏观 | 产业 | |
| 基准情景 | GDP年均增速：2021—2030年4.9%；2031—2050年3.1%；2051—2060年2.5% | 第三产业比重到2030年、2060年分别达65%和77%；在不断突破的新一代信息技术带动下，电动汽车、可再生能源产业实现较快发展；建筑面积合理增长 | 数字化使得工业能效进一步提升、循环经济实现产业化；老旧建筑、社区绿色改造实现商业化运营；新能源汽车、可再生能源电力实现快速发展；绿色生活方式加快形成 |
| 转型更快情景 | 转型越快，未来经济增长动力越大，增速也会更快。GDP年均增速：2021—2030年5.0%；2031—2050年3.3%；2051—2060年2.6% | 第三产业比重到2030年、2060年分别达66%和78%；循环经济、电动汽车、可再生能源等产业实现更快发展；建筑面积与基准情景相同 | 智能化、循环化工业发展模式更快形成；商业化建筑节能及绿色改造更快推广；技术创新明显突破，支撑更快的新能源车、可再生能源、氢能发展；CCUS技术也得到更快推广 |
| 转型偏慢情景 | 转型越慢，未来经济增速也会偏慢。GDP年均增速：2021—2030年4.6%；2031—2050年2.9%；2051—2060年2.5% | 第三产业比重到2030年、2060年分别达64%和75%；受国际影响，新一代信息技术发展略迟，电动汽车、可再生能源和智能制造等惯性发展；建筑面积增长更快 | 节能减排产业化发展较慢，重点行业减排仍主要依赖传统路径；建筑节能改造、新能源汽车、新型电力系统建设都有所迟滞 |

注：主要列出三种情景的差异设置。

资料来源：课题组根据研究结果整理。

## （一）基准情景

顺应全球碳中和趋势，数字化、低碳化的科技革命潮流和我国全面建设社会主义现代化国家要求，基准情景下，我国将全面实施绿色低碳转型，未来10年内有望取得较好成效。具体情景假设上，在国际环境方面，尽管存在多重风险，但全球碳中和将持续推进，各国推动绿色低碳转型的意愿不断增强。应对气候变化国际合作的大趋势没有改变，但博弈更加复杂，各国减排政策受国际规制的影响将加大，国际贸易规则也将“因碳调整”。

### 1. 经济发展方面

着力完善体制机制，激发科技创新活力和加强人力资源培育，重点投资可提升公共服务水平的基础设施、数字等新型基础设施和有经济增长潜力的城市群等领域。有序收紧传统基建和新建建筑规模，近期经济增长压力较大。但我国可充分利用超大规模经济体优势，依靠广阔的回旋空间，叠加新动能日渐壮大，有能力保障经济发展不偏离中速增长轨道。2030年后，绿色低碳领域的科技创新和新产业快速发展，成为国家潜在增长能力的重要贡献力量。全要素生产率也因为绿色低碳领域的发展而不断增长，对经济增长的贡献不断提升，2035年有望达到50%左右，2050年提高到70%。

### 2. 碳减排方面

全面绿色低碳转型主要包括以全球视野推进产业结构优化调整，以数字化转型和循环经济模式加快工业绿色低碳转型和高质量发展，结合城市更新和乡村振兴推进城乡建设绿色低碳发展，以推动运输工具装备低碳转型、构建绿色高效交通运输体系、加快绿色交通基础设施建设为抓手，大力推动交通运输绿色低碳转型，以构建清洁低碳安全高效的新型能源体系为目标推动能源转型。力争2030年前实现碳达峰，且峰值水平得到较好控制，努力争取2060年前实现碳中和。

### （二）转型更快情景

在基准情景之上，若国际气候治理合作态势好于预期，国内全面转型的进展更快，绿色低碳领域加速科技创新，促进绿色低碳产业发展更快，可推动“十五五”宏观经济增速略高于基准情景，其后的长期潜在增长率也略高于基准情景，同时碳减排效果更加突出。

### （三）转型偏慢情景

基于基准情景，若未来10年来自外部的不确定性增加，相关改革面临的挑战超预期，绿色低碳领域科技创新不顺利，2030年前全面转型工作也存在被迟滞的可能。这将在经济发展方面加大稳定经济增长的难度，即使更多依赖房地产和基建等保增长的传统举措，也会因为投资的边际效益递减，出现经济增速略慢于基准情景。而且传统动能的相关产业会占用大量投资，挤压对人力资本和创新驱动的投入，一定程度上削弱2030年后的潜在增长能力，这使转型偏慢情景下的经济发展水平是三种情景中最低的。在碳减排方面，因房地产和基建投资会继续拉动对钢铁、建材等基础原材料的需求，导致更多碳排放并产生更高锁定效应，使碳排放峰值更高，之后实现碳中和的难度也更大。

为支撑统筹发展与减排的定量研究，我们开发了经济—能源—碳排放系统分析模型工具（见图4-1）。以动态可计算一般均衡模型（CGE）为基础，依据国家中长期经济发展判断，自上而下地开展经济发展结构预测；以能源—碳排放系统分析模型为基础，开展分行业、分品种的终端能源需求和一次能源需求预测，进而测算二氧化碳排放和非二氧化碳温室气体排放。

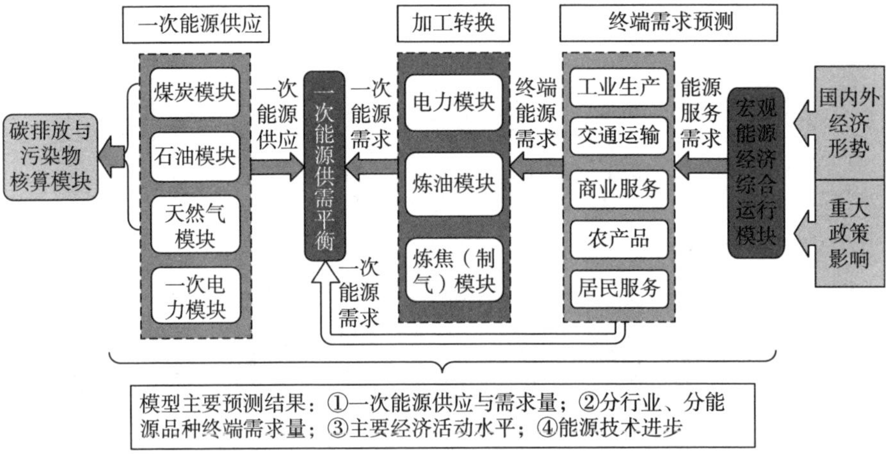


**图4-1　经济—能源—碳排放系统分析模型框架**

资料来源：课题组绘制。

## 二、统筹发展与减排实现碳达峰碳中和

基准情景是综合各方考虑给出的最现实可行的路径，本文重点介绍基准情景的结果；在此基础上，再开展另外两种情景的比较分析。

### （一）稳步推进具有绿色低碳底色的现代化建设

**1. 始终把发展放在第一位，坚定不移地推动经济稳定增长，经济结构不断优化、增长质量稳步提升**

根据对经济增长潜力的分析，预计我国2021—2030年的GDP年均增速为4.9%，2031—2050年为3.1%，2051—2060年2.5%，与之相应的2030年、2050年、2060年GDP总量分别为145万亿、269万亿和346万亿元人民币（2015年不变价）。一、二、三产业结构从2020年的7.2∶35.4∶57.4，逐步调整为2030年的5∶29∶66，到2050年调整为2.5∶22.5∶75，到2060年调整为2∶21∶77（据惯例，按当年价计算，见

图 4-2）。若按 2015 年不变价计算，制造业增加值占 GDP 比重在 2030 年仍在 30% 左右，并长期稳定，构成经济长期稳定发展的坚实基础。

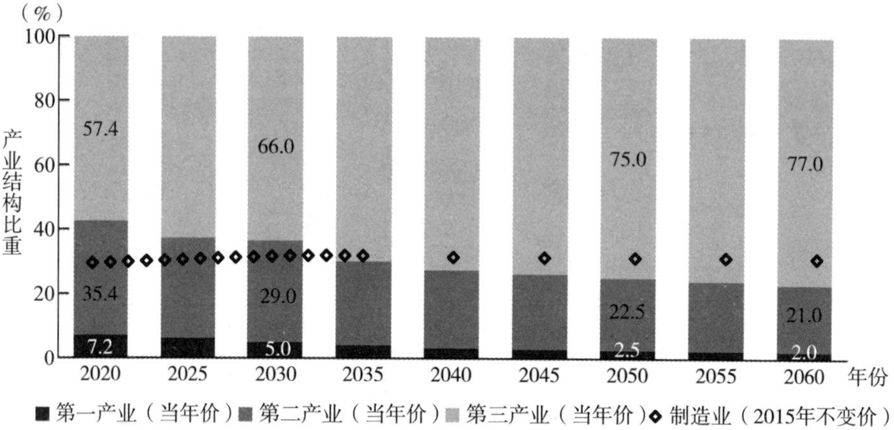


**图4-2　我国产业结构和制造业占比趋势**

资料来源：课题组模型预测结果。

**2. 以全球谋划和先立后破为原则，工业坚持以大促强，建成制造业强国**

新一代信息技术、生物技术、新能源、新材料、高端装备、新能源汽车、绿色环保及航空、航天、海洋装备等战略性新兴产业是未来发展的重心，要持续巩固和扩大国际市场份额，提升在国际分工中的地位；钢铁、有色、建材、石化等基础原材料产业虽已处于平台期，但在 2030 年前产量仍将处于高位，保持在国际市场的高占有率，着力用低端产业环节的利润反哺高端先进产品的研发，实现自身的产业升级；同时支持适时适度地向东南亚和“一带一路”沿线国家和地区投资一些基础原材料产业，促进我国工业先进低碳技术惠及全球。

**3. 城镇化从数量扩张转向质量提升，城乡建设空间布局更趋合理**

伴随经济发展，城镇化率将从 2020 年的 63.9% 逐步提高到 2030 年的 72%，考虑我国国土空间特点，2040 年达到 75% 后假设保持稳定。建筑面积从 2020 年的 680 亿平方米，增至 2030 年的 820 亿平方米，其中城镇住宅从 275 亿平方米增至 400 亿平方米，城镇公共建筑从 152 亿平方米增至 197 亿平方米，让更多的进城务工人员能够成为真正的城镇居民，避免又回农村建房，可使农村建筑面积从 253 亿逐步减少至 223 亿平方米。2035 年左右建筑面积有望达到 850 亿～900 亿平方米，此后逐步淘汰长期闲置的农村和城镇老旧建筑，建筑面积有所下降（见图 4–3）。

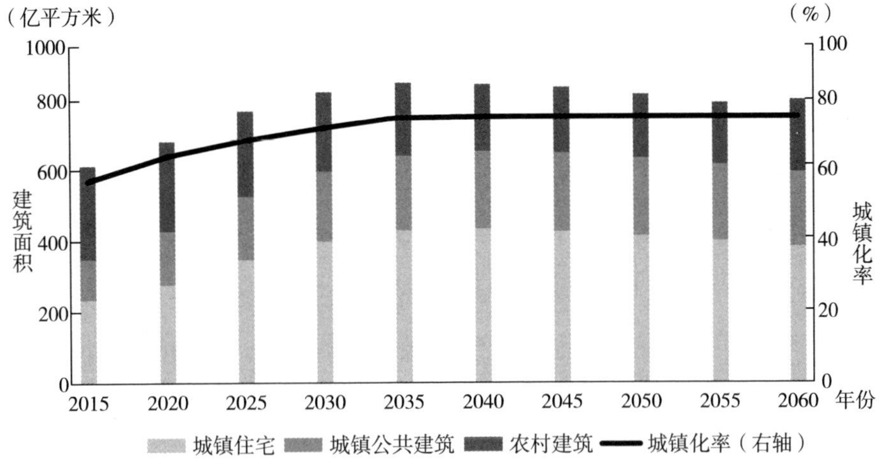


**图4-3　城镇化率和分类建筑面积变化趋势**

资料来源：课题组模型预测结果。

### 4. 依托国内大市场，交通领域牢牢把握新能源汽车产业发展优势

我国民用汽车保有量将从 2020 年的 2.76 亿辆增加到 2030 年的 4.5 亿辆，到 2040 年达到 5.2 亿辆左右，此后随着人口下降、网联化促进共享经济发展，汽车保有量将逐步减少至 2060 年的 4.8 亿辆左右。兼顾经济增长和绿色低碳双目标，需要加快新能源汽车产业发展。预计包括电动汽车、氢燃料电池汽车在内的新能源汽车保有量有望从 2022 年的 1310 万辆增加到 2030 年的 1 亿辆左右。2030 年新能源汽车销售市场渗透率提升至 40%～50%，到 2045 年左右接近 100%，确保到 2060 年民用领域完全替代传统燃油汽车（见图 4–4）。

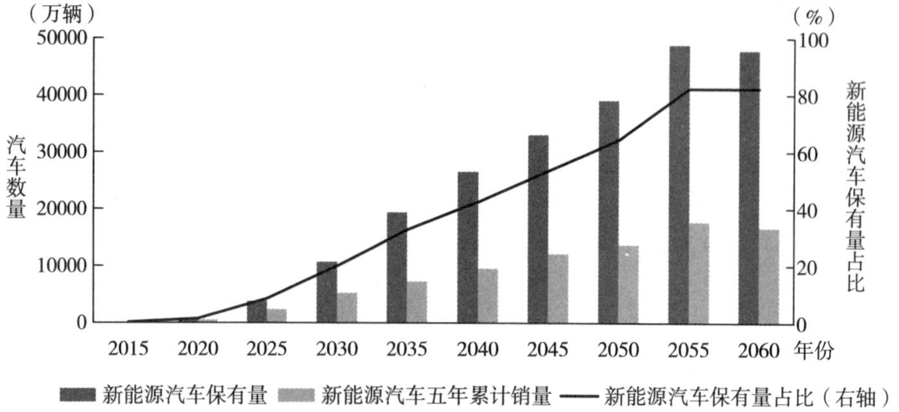


**图4-4 我国新能源汽车发展趋势**

资料来源：课题组模型预测结果。

## 5. 能源领域着力统筹低碳转型与安全保障，建设新型能源体系

2020 年我国能源消费总量 49.8 亿吨标准煤，其中煤炭、石油、天然气和非化石能源占比分别为 56.8%、18.9%、8.4% 和 15.9%。从需求看，2030—2035 年能源需求有望达到 62 亿吨标准煤左右；此后稳中略降，到 2060 年仍有 55 亿吨标准煤。2030 年能耗强度 0.4 吨标准煤 / 万元，比 2005 年下降 58%，2050 年降至 0.2 吨标准煤 / 万元，比 2005 年下降 80% 左右，此后还将继续下降（见图 4–5）。

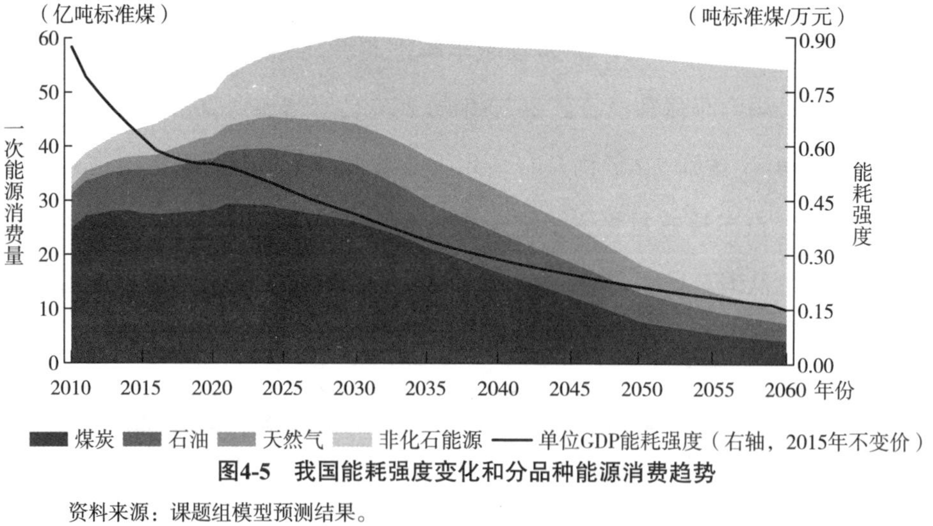


**图4-5 我国能耗强度变化和分品种能源消费趋势**

资料来源：课题组模型预测结果。

从不同能源品种的需求看，化石能源短中期作为安全保障基础的主力地位不可动摇，而中长期被非化石能源逐步替代的大趋势不可阻挡。煤炭需求量在“十四五”时期逐步达峰，此后缓慢下降，到 2030 年占一次能源比重仍有 44% 左右，发挥安全兜底保障作用；石油消费量有望在 2030 年前达峰，2030 年预计仍有 7.5 亿吨左右，占比略低于 18%；天然气消费量在“十四五”还将较快增长，2025 年达到 4600 亿立方米，较 2020 年提高约 1400 亿立方米，到 2030 年进一步提升至 5500 亿立方米以上，占比近 12%；非化石能源消费量保持较快增长，到 2030 年达 16 亿吨标准煤，占比 27% 左右。到 2060 年，煤、油、气和非化石能源占比进一步调整为 8%、6%、4% 和 82%。

从能源供给看，2035 年前能源安全的焦点仍是油气进口安全保障，此后逐步转为国内以新能源为主体的新型能源体系的安全保障。一方面，石油和天然气还要长期依赖进口，其中石油进口依存度在 2030 年前仍会达到 70% 以上，此后逐步降至 50% 以下；天然气产量稳步提升，到 2035 年达到 3000 亿立方米左右，确保对外依存度在 2035 年前仍保持在 40% ~ 50% 的水平，此后下降至 30% 左右。另一方面，随着电力系统中风电、光伏等不稳定电源比重逐步提升，2035 年前后装机规模超过电力总装机的 50%，电力系统供需两侧“双随机”的特征日益明显，加上电气化率稳步提升至 35% ~ 40%，电力等能源系统的稳定运行对于正常经济活动的重要性更加突出，保障能源运行安全将成为新焦点。

### 6. 源头管控结合碳汇碳封存技术应用，将确保如期实现碳达峰碳中和

我国二氧化碳净排放包括能源利用的碳排放、工业过程碳排放，再扣除碳汇吸收量以及 CCS/CCUS 技术等形成的碳吸收量。

我国碳排放达峰以后，从稳中有降到加速脱碳，再到攻坚碳中和，可

力争 2060 年前实现碳中和目标。

（1）以能源利用产生的碳排放为分子核算单位 GDP 的二氧化碳排放量（碳强度），2030 年降至 0.68 吨二氧化碳 / 万元，比 2005 年下降 66%，满足国家自主贡献目标要求（65% 以上），碳强度年平均降幅 4.4%，与过去三个五年规划的年平均降幅基本一致；2050 年比 2005 年下降 93%，2060 年比 2005 年下降 97%，其中 2031—2035 年碳强度年平均降幅为 6.8%，2036—2050 年为 7.9%，2051—2060 年为 8.2%。

（2）推进水泥、钢铁、石化和电解铝产业的工业过程二氧化碳排放管控。遵循中央坚决遏制“两高”项目盲目发展要求，这些高耗能行业总体产能规模不会进一步扩大，实现工业过程二氧化碳排放 2030 年比 2020 年稳步下降，到 2050 年、2060 年分别较 2020 年下降 60% 和 80%。

（3）森林覆盖率未来还将持续增加，碳汇规模继续增大。目前国内对现有碳汇吸收能力的测算仍有差异。2014 年我国碳汇约 11.15 亿吨二氧化碳当量[①]。同时，中国科学院、中国气象局的研究提出我国 2000 年至 2019 年间陆地生态系统碳汇为 13.2 亿吨 / 年[②]。以 2020 年二氧化碳吸收能力近 12 亿吨计算，2030—2035 年，碳吸收能力有望增加 1 亿吨 / 年。此后受国土面积等限制，森林覆盖率难以继续大幅扩大，树龄整体增加导致碳吸收能力逐渐减弱，2050 年、2060 年森林碳汇吸收能力稳中略降。

（4）CCS/CCUS 技术等工业化碳吸收技术将在实现碳中和目标中发挥兜底保障作用。在我国碳达峰过程中，CCS/CCUS 技术还受制于成本高昂

---

① 生态环境部：《中华人民共和国气候变化第二次两年更新报告》，2018年。

② 谢伏瞻，庄国泰主编：《应对气候变化报告2021——碳达峰碳中和专辑》，社会科学文献出版社2021年版，第40–64页。

（300 ~ 500 元 / 吨二氧化碳），不能发挥较大作用。2030 年前仍以示范项目建设为主。随着技术成熟和减排压力不断加大，CCS/CCUS 技术的普及度会逐步提高，到 2050—2060 年实现的碳吸收量有望达到 13 亿 ~23 亿吨 / 年。

（5）加强非二氧化碳温室气体（简称“非二气体”）排放管控。非二气体主要包括三类：甲烷、氧化亚氮和含氟气体。目前国内统计核算基础较为薄弱，不同气体产生机理方面也缺乏系统完整的研究。未来需进一步夯实底数、加强管控。

### （二）绿色低碳转型可推动我国如期实现“双碳”目标

根据前面的情景假设，以绿色低碳转型为路径实现碳达峰碳中和，转型进展在影响未来碳排放的路径走势的同时，也会影响经济发展水平、能源消耗等关键指标（见图 4–6 至图 4–8）。

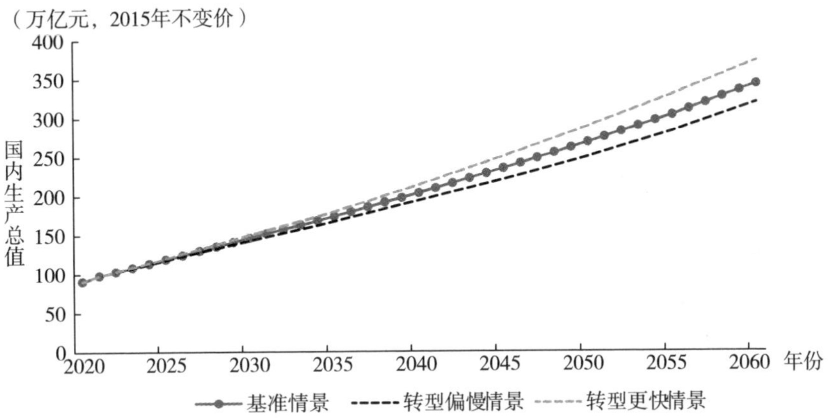


**图4-6　三种情景下GDP变化情况**

资料来源：课题组模型预测结果。

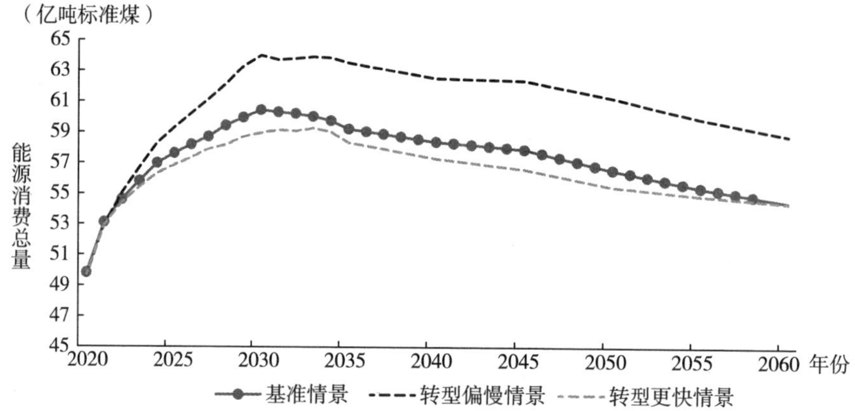


**图4-7　三种情景下能源消费总量变化情况**

资料来源：课题组模型预测结果。

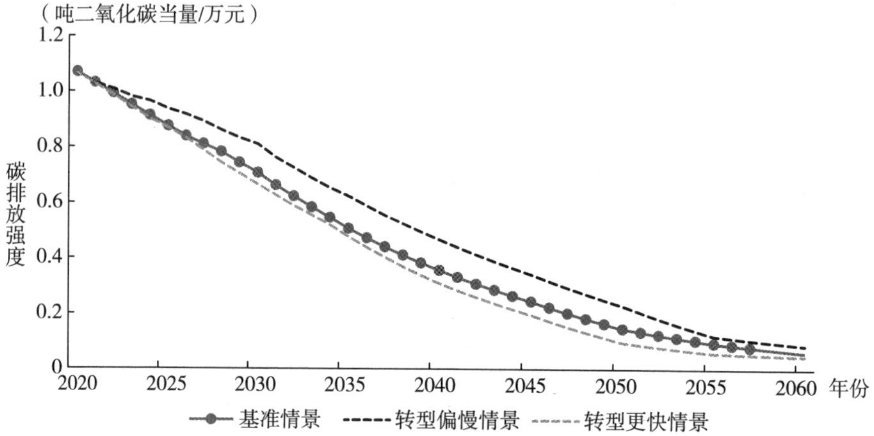


**图4-8　三种情景下碳排放强度变化**

注：与国家公布的碳排放强度指标测算范围一致，仅计算能源活动碳排放强度。

资料来源：课题组模型预测结果。

从经济发展来说，转型越快，经济增长态势也越好。转型更快情景下，2021—2030年的GDP年均增速5%，2031—2050年的GDP年均增速3.3%，2051—2060年的GDP年均增速也有2.6%。与基准情景相比，转型更快意味着绿色新动能的发展更顺利，在2030年后对经济的支撑作用更强，2031—2050年的年均增速有望提高0.2个百分点。相比而言，转型更慢情景下，发展动力不足导致经济增速明显偏低。2021—2030年、2031—2050年的 GDP 年均增速分别为 4.6%、2.9%，2050 年后逐步降到 2.5% 的平均水平。

从能源需求看，三种情景下，能源消费水平相差不大，2030 年前后，能源消费总量都在 60 亿～65 亿吨标准煤，到了 2060 年仍然有 54 亿～60 亿吨标准煤。从碳排放看，三种情景下都有望如期实现碳达峰碳中和，但转型越慢，碳排放的峰值也会越高。

### （三）推动绿色低碳成为经济增长新动力

遵循全面绿色低碳转型的战略思路开展碳达峰碳中和工作，通过加大投入推动科技创新、加强基础设施建设和完善体制机制，以减污降碳为目标的新产业、清洁能源产业和相关联的低碳金融、保险、科技等生产性服务业有望得到快速发展。国内已有研究[①②]对未来的绿色低碳额外投资进行估算，未来 40 年需要约 130 万亿元。这相当于对碳达峰碳中和目标实现成本的估计，同时这些投资有望带来巨大的经济增长效益。我们侧重从绿色低碳产业发展对未来经济增长的贡献角度进行估算。目前国内还未有明确的属于绿色低碳领域的行业口径，关于发展现状也没有完整统计。本研究在 42 个部门国民经济行业分类的基础上，参考《绿色产业指导目录》《绿色技术推广目录（2020 年）》，初步设定了重点行业的绿色低碳产品及服务范围（见附表 4–2），展望了相应行业中绿色低碳产品、服务占行业增加值的比重和经济规模，具体结果如附表 4–3 所示。

按照绿色低碳产业的边界假设，各重点行业中的绿色低碳领域增加值之和在 2020 年约 10 万亿元人民币（2015 年不变价），占 GDP 的比重约为 11.2%。预计到 2030 年约 24 万亿～27 万亿元，占 GDP 的比重为

---

① 中金公司研究部，中金研究院：《碳中和经济学》，中信出版社2021年版。

② 中国长期低碳发展战略与转型路径研究课题组，清华大学气候变化与可持续发展研究院：《读懂碳中和》，中信出版社2021年版。

16.6% ~ 18.1%；到 2060 年约为 100 万亿 ~ 124 万亿元，占 GDP 的比重为 31.6% ~ 34.5%（见图 4–9、图 4–10）。转型越快，绿色低碳产业增加值的规模越大，对经济增长的贡献也越高。分行业来看，未来绿色低碳产业的发展呈现如下三方面特征。

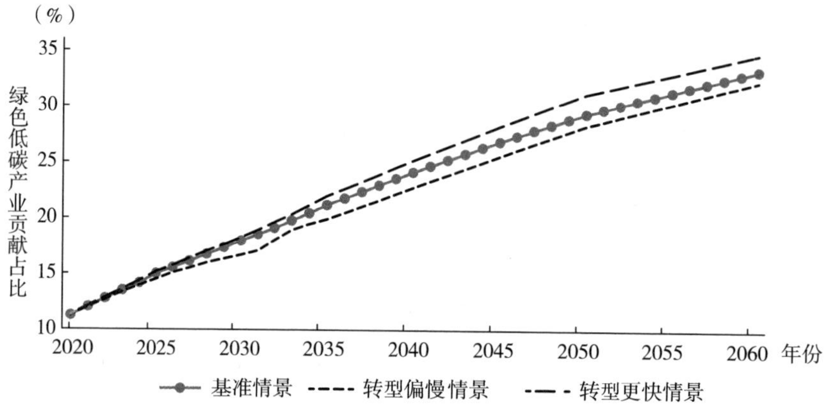


**图4-9　三种情景下绿色低碳产业贡献占比**

资料来源：课题组模型预测结果。

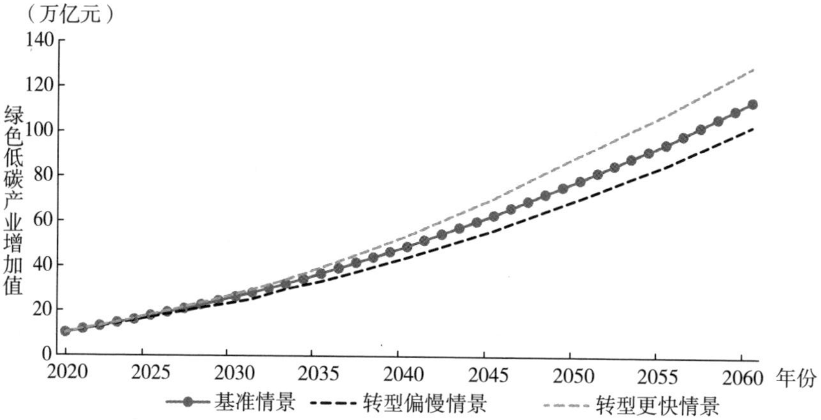


**图4-10　三种情景下绿色低碳产业增加值**

资料来源：课题组模型预测结果。

一是未来 10 年传统重化工业需加快绿色低碳转型升级。2030 年前，包括钢铁、石化在内的传统重化工业都将处于加快产能结构调整的关键期，建筑业也将从新建建筑为主向存量建筑改造为主转型。抓住这个窗口期，推动传统产业绿色化改造，是绿色低碳发展的必然选择。测算表明，加快钢铁生产工艺改进、石化行业炼化一体化产能置换、新建绿色低碳建筑和存量建筑绿色化改造、大力推广重化工业产业园循环经济发展模式，有望在未来十年成为可观的经济增长点，其占绿色低碳产业增加值增量的比重也稳定在 23% 左右。2030 年后，城镇化和工业化实现平稳发展，传统产业逐步收缩，2060 年其占绿色低碳产业增加值增量的比重下降至 8% 左右。

二是加快构建新型能源体系。我国在发展新能源、新型基础设施建设和发展电动汽车领域方面处于国际领先位置，在这些领域持续做大做强并不断延伸至相关领域，不但能有效促进能源脱碳，也对绿色低碳经济规模的扩大具有重要支撑作用。无论是未来十年还是达峰后的 30 年时间里，其占绿色低碳领域增加值增量的贡献都稳定在 25% 左右。

三是加快绿色低碳服务业发展。2021—2030 年，绿色低碳领域增加值的增量中约有 50% 来自服务业，2031—2060 年，这一比重还会逐步提高到 65%～70%。大力发展绿色低碳相关的服务业是推动我国全面绿色低碳转型的关键（见图 4-11）。

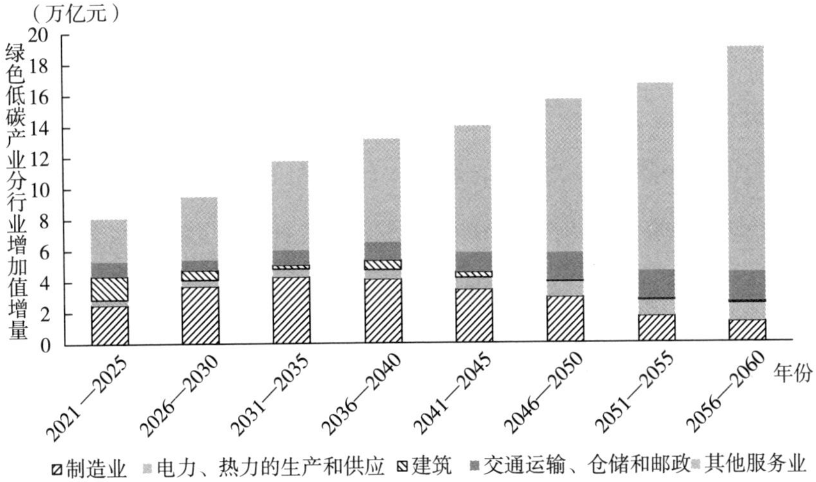


**图4-11　基准情景下不同阶段绿色低碳产业增加值增量变化**

资料来源：课题组模型预测结果。

## 三、把握节奏与重点实现碳达峰碳中和

刻画我国未来几十年的碳减排路径，要整体部署、分步实施、稳妥推进。基于基准情景分析结果，不同阶段的减排着力点不同，需要在时间、空间和领域上优化部署。

### （一）达峰阶段（2021—2030年）：重点强化经济结构调整和节能改进，推动2030年前我国二氧化碳排放以适度偏紧的水平达峰

达峰阶段，我国经济结构偏重、效率偏低、能源结构“偏煤”的问题仍然存在；碳市场仍处于培育期，能耗双控逐渐转向碳排放双控，碳减排措施也仍以行政手段为主，确保碳达峰的压力依然巨大。应抓紧构建“双轮驱动”政策体系，包括以政府“双控”为核心的碳减排管理及监管机制和以碳定价为核心的市场机制，形成减排政策合力。

一是经济结构调整和能效提升对我国实现碳达峰目标的贡献高达73%，是“双碳”工作的主要抓手。一方面，使能耗强度较2020年下降27%，相当于减少44亿吨二氧化碳，对碳减排贡献率为70%。另一方面，随着加大对钢铁、建材、石化、电解铝等高耗能行业的产能调控力度，工业过程碳排放较2020年下降15%，碳减排贡献率近3%。二是2030年非化石能源占一次能源需求的比重有望达到27%，与能源结构不变相比，这相当于减少二氧化碳排放14亿吨，对碳减排贡献率为23%。三是植树造林行动对碳达峰贡献率为3%（见图4–12）。

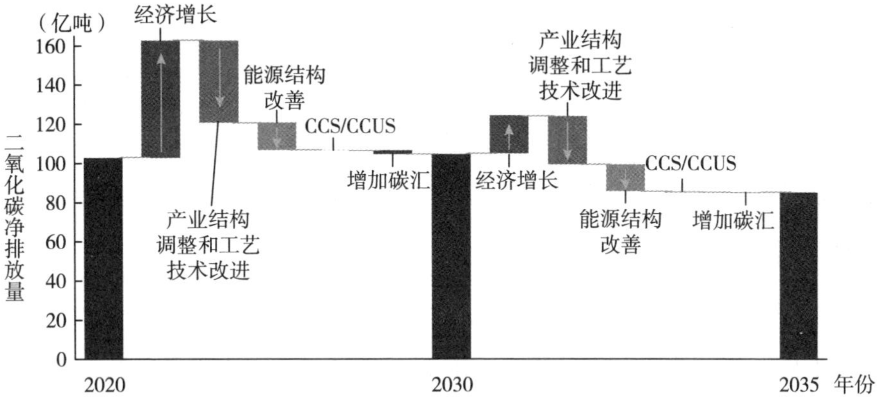


**图4-12　2020年至2035年各类减碳措施贡献量**

资料来源：课题组模型预测结果。

### （二）巩固阶段（2031—2035年）：推动节能与能源结构优化并重，实现从达峰路径向中和路径的顺利转换，走上更快的减排之路

2031—2035 年碳强度年均降幅要比达峰之前进一步提高。因此在进一步巩固节能成效的同时，还要强化能源结构清洁化的减排作用。具体而言，通过结构调整和节能技术进步对 2031—2035 年碳减排的贡献率仍有 63%。实现非化石能源加速发展，从之前的增量替代发展为存量替代，对同期碳减排的贡献率提高至 35%。加快推广 CCS/CCUS 到 2035 年可实现年吸收能力为 1 亿吨二氧化碳，对这一时期碳减排的贡献为 2%。

值得注意的是，利用 2031—2035 年这段时间，通过实施并逐步收紧碳排放总量控制，对已建立的“双轮驱动”政策体系进行压力测试、查漏补缺，具有重要意义。

### （三）脱碳阶段（2036—2050年）：多措并举实现温室气体持续稳定地深度减排

2036—2050 年，国际上主要发达国家纷纷进入碳中和的最后冲刺阶段，国际碳价格或将达到更高水平，这将激励碳减排相关产业更快发展。届时，“双轮驱动”的碳减排工作进入加速阶段，利用 15 年时间努力实现深度减排。到 2050 年能源需求总量仍有 57 亿吨标准煤左右，而净碳排放量则较 2035 年减少 70%。能源节约、能源结构优化、碳汇和碳吸收措施都要全面应用。

其中，通过继续推进三产比重调整、工业内部结构优化和广泛采用节能、低碳、零碳技术，贡献 51% 的碳减排。通过构建起以新能源为主体的新型电力系统，进而形成清洁低碳、坚韧安全、协同高效、灵活智慧的新型能源体系，对碳减排的贡献率提升至 41%。通过推广普及 CCS/CCUS 技术，贡献 11% 的碳减排（见图 4–13）。

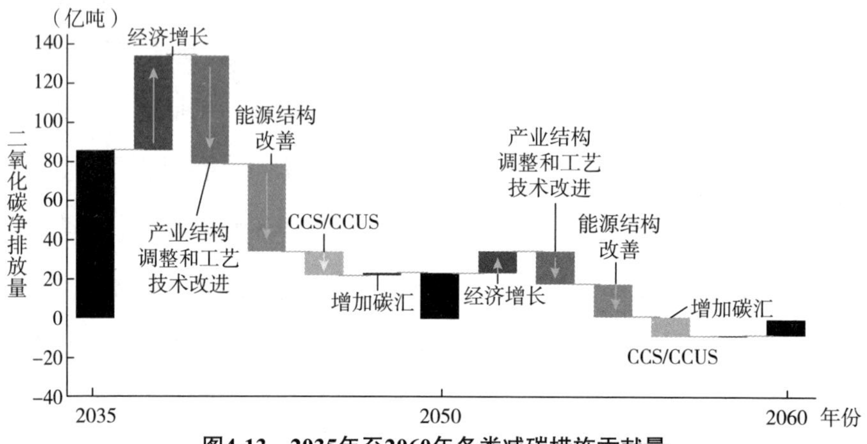


**图4-13　2035年至2060年各类减碳措施贡献量**

资料来源：课题组模型预测结果。

## （四）攻坚阶段（2051—2060年）：以高比例非化石能源为主，以CCUS技术兜底，确保碳中和目标实现

我国 2051 年后的 GDP 潜在增长率有望稳定在 2% ~ 3%，产业结构调整、城市化率等基本调整到位，进入稳定发展阶段。促进各领域全面行动实现碳中和，将成为推动经济增长的重要力量。

一是随着产业结构调整基本到位、节能技术已大面积推广，产业结构优化和节能降耗的减排贡献进一步减弱，对碳减排的贡献率预计降至39%。二是继续加强非化石能源开发利用成为主要手段，对碳减排贡献率可达39%。三是继续加大CCUS利用规模，使每年碳吸收量从13亿吨提升至23亿吨以上，对实现碳中和的贡献率也达20% ~ 24%。CCUS技术将成为我国碳中和目标如期实现的兜底保障关键举措。

整体来看，最后阶段攻坚实现碳中和，无论采用什么样的减排路径都必须依靠科技领域的突破，特别是在可再生能源技术、生物技术领域的革命性突破，使人类能够进入利用绿色能源、绿色材料实现永续发展的阶段。

**附表4-1　国内外主要机构开展中国碳达峰碳中和路径研究的情景假设**

<table>
<tr><th>专题报告</th><th>情景设置</th><th>专题报告</th><th>情景设置</th></tr>
<tr><td rowspan="4">《读懂碳中和》：前两种情景侧重政策；后两种情景强调碳排放目标</td><td>政策情景，落实并延续2030年NDC目标的政策情景</td><td rowspan="4">波士顿咨询（BCG）《中国气候路径报告》：目标情景</td><td rowspan="2">基准情景：2050年温室气体排放较当前水平下降10%～20%</td></tr>
<tr><td>强化减排情景，自下而上强化2030年前NDC情景，不断加大减排力度</td></tr>
<tr><td>2℃情景，2050年实现与温升控制目标相契合的减排情景，人均二氧化碳排放不超过1.5吨</td><td>2℃情景：2050年温室气体排放较当前水平下降50%～60%</td></tr>
<tr><td>1.5℃情景，2050年实现二氧化碳净零碳排放，其他温室气体深度减排</td><td>1.5℃情景：2050年温室气体排放较当前水平下降75%～80%</td></tr>
<tr><td rowspan="3">中国石化集团经济技术研究院有限公司《中国能源展望2060》</td><td>安全挑战情景</td><td rowspan="3">国际能源转型委员会（ETC）2019年报告《中国2050：一个全面实现现代化国家的零碳图景》</td><td rowspan="3">以2050年实现零碳为目标的情景设置</td></tr>
<tr><td>绿色紧迫情景</td></tr>
<tr><td>协调发展情景</td></tr>
</table>

资料来源：课题组根据相关资料整理。

**附表4-2　　重点行业的绿色低碳子领域的范围界定**

| 重点行业 | 行业内绿色低碳子领域的范围界定 | 2020年占所在行业增加值比重（%） |
|---|---|---|
| 石油化工业 | 石油化工目前最主要的节能降碳措施是推动产能升级，从炼油为主转换到炼化一体化，延伸产业链。据此假定由炼化一体化产能生产的产品及下游衍生品都归属绿色低碳领域 | 0.4 |
| 黑色金属冶炼和压延加工业 | 钢铁领域目前最主要的节能降碳措施是推升电炉钢比重，和引入氢能炼钢技术。据此假定由电炉钢和氢能炼钢两类技术生产的产品及下游产品都归属绿色低碳领域 | 0.19 |
| 交通运输设备制造业 | 交通运输设备最主要的节能降碳措施是发展新能源汽车、新能源船舶等。据此设定新能源汽车和船舶等归为绿色低碳领域 | 0.05 |
| 电气机械和器材 | 电气机械和器材是电力系统的上游产业，假设用于支持非化石能源电力发展的电气机械和器材都归属绿色低碳领域 | 0.36 |
| 废品废料及维修服务业 | 废品废料及维修服务业都是循环经济的起点，都应该属于绿色低碳产业 | 1 |
| 电力热力的生产和供应 | 以非化石能源为能源生产的电力和热力归属绿色低碳领域 | 0.358 |
| 建筑业 | 绿色及节能型新建建筑和传统建筑的节能改造都应归属绿色低碳领域 | 0.6 |
| 交通运输、仓储和邮政业 | 以新能源汽车、高铁、生物质燃料飞机等进行的运输和物流都应归属绿色低碳领域 | 0.412 |
| 服务业（扣除交通运输） | 应包括绿色金融、绿色低碳领域的科技研发、工业设计和咨询服务等，也包括公共管理活动中的绿色低碳推动工作 | 0.1 |

资料来源：课题组根据相关资料整理。

附表4-3　　重点行业的绿色低碳领域增加值的估算表格

（单位：亿元人民币，2015年不变价）

| | | 2020年 | 基准情景 | | 转型更快情景 | | 转型偏慢情景 | |
|---|---|---|---|---|---|---|---|---|
| | | | 2030年 | 2060年 | 2030年 | 2060年 | 2030年 | 2060年 |
| 重点行业中的绿色低碳产业比重 | 石油化工 | 40% | 60% | 80% | 60% | 90% | 50% | 80% |
| | 黑色金属冶炼和压延加工 | 19% | 26% | 95% | 26% | 98% | 26% | 96% |
| | 交通运输设备制造 | 5% | 44% | 100% | 44% | 100% | 44% | 100% |
| | 电气机械和器材 | 36% | 52% | 94% | 52% | 95% | 47% | 91% |
| | 废品废料及维修服务业 | 100% | 100% | 100% | 100% | 100% | 100% | 100% |
| | 电力热力的生产和供应 | 36% | 52% | 94% | 52% | 95% | 47% | 91% |
| | 建筑业 | 60% | 80% | 100% | 80% | 100% | 80% | 100% |
| | 交通运输、仓储和邮政 | 41% | 53% | 99% | 56% | 99% | 46% | 85% |
| | 服务业（扣除交通运输） | 10% | 20% | 45% | 20% | 45% | 20% | 45% |
| 重点行业中的绿色低碳产业增加值 | 石油化工 | 4211 | 11094 | 22072 | 11094 | 24847 | 9630 | 24831 |
| | 黑色金属冶炼和压延加工 | 2057 | 3604 | 8529 | 3785 | 9358 | 3244 | 8257 |
| | 交通运输设备制造 | 1055 | 17193 | 81272 | 20376 | 89399 | 16333 | 79647 |
| | 电气机械和器材 | 6394 | 18214 | 89871 | 18295 | 90106 | 17276 | 86276 |
| | 废品废料及维修服务业 | 1907 | 4467 | 24967 | 5146 | 26614 | 4289 | 22178 |
| | 电力热力的生产和供应 | 5612 | 14259 | 85771 | 14322 | 88507 | 13525 | 83918 |
| | 建筑业 | 33101 | 58104 | 90483 | 60527 | 98891 | 56942 | 87847 |
| | 交通运输、仓储和邮政 | 16953 | 32434 | 110971 | 36072 | 127209 | 25857 | 114930 |
| | 服务业（扣除交通运输） | 30422 | 97575 | 604841 | 102138 | 693374 | 90113 | 500609 |
| | 合计 | 101712 | 256944 | 1118777 | 271755 | 1248305 | 237209 | 1008493 |
| 占GDP的比重 | | 11.2% | 17.5% | 32.6% | 18.1% | 33.5% | 16.6% | 31.6% |

资料来源：课题组根据相关资料测算。

# 第二篇
# 绿色低碳转型的重大政策

第五章

# 推进绿色低碳科技创新

实现碳达峰碳中和是一场广泛而深刻的经济社会系统性变革。支撑这一变革的最根本动力来自科技创新支撑经济社会全面绿色化和低碳化，包括各类低碳技术、零碳技术和负碳技术的广泛使用，能源技术与数字技术的深度融合。碳中和时代的生产生活方式，与以化石能源为基础的生产生活方式最本质的区别是全面绿色化和低碳化，需要经济技术体系的系统性、整体性跃迁。由于绿色低碳技术涉及范围非常广，本章重点讨论减缓气候变化的技术，如节能和能效技术、低碳零碳能源技术以及碳捕集、利用与封存技术（CCUS）等。

## 一、全球绿色低碳科技创新的趋势

在实现经济社会发展的同时实现碳中和，人类只能依靠科技创新。碳中和目标引导人类开发低碳、零碳和负碳技术，这种使命导向的（mission-oriented）技术创新范式将成为绿色低碳技术创新的主导范式，并催生相关的科学技术革命乃至社会变革[①]。欧盟委员会明确指出，技术和创新是向气候中和转型的关键推动因素。我国在碳达峰碳中和顶层设计《中共中央 国务院关于完整准确全面贯彻新发展理念做好碳达峰碳中和工作的意见》和《2030年前碳达峰行动方案》中都强调绿色低碳科技创新的根本性作用。科技创新需求将引导公共部门和社会加大投资，并由此带来新技术变革，催生新产业，推动发展新能源系统、新建筑系统、新交通系统，形成新的增长动能和新的发展方式。

### （一）绿色低碳技术的范畴

绿色低碳技术覆盖面广，不但包括低碳、零碳、负碳（碳吸收）技术，通常还包括节约资源、提高资源利用效率的技术。绿色低碳技术的重要特征是具备高度集成性，涉及从材料到数字化等多个领域。《联合国气候变化框架公约》（UNFCCC）下的技术相关机制提出了气候减缓和气候适应的技术清单框架，包括能源效率、林业、工业、可再生能源、交通、废物管理等领域。

国际能源署（IEA）在其《能源技术展望2020》（*Energy Technology Perspectives 2020*）中提出，各国政府和大型企业提出的净零排放承诺与绿色低碳技术发展和投资的现状脱节，即使有更强有力的政策支持，现有技术也不足以确保全球净零排放目标的实现，需加速绿色低碳技术的创新。随报告发布的《清洁能源技术路径指南》（*Clean Energy Technology Guide*）列举了近400项减碳技术，按照生产侧、需求侧和二氧化碳处理的基础设施进行了分

---

① 关于诱致性和定向技术变迁参考，参见Acemoglu，Daron， Philippe Aghion, Leonardo Bursztyn and David Hemous（2012）“The Environment and Directed Technical Change”, American Economic Review, 102(1), pp. 131–166。关于使命导向的技术创新，参考Mazzucato, M. (2018), “Mission Oriented Innovation Policy: Challenges and Opportunities”, Industrial and Corporate Change, 27 (5): 803–815， 以及Mazzucato, M. (2021) Mission Economy: a moonshot guide to changing capitalism, Penguin, Allen Lane：Penguin, London。

类，并对各项技术的成熟度按照原型期、示范期、早期应用期和成熟期四个阶段进行了区分，指出目前尚处于早期阶段的技术未来将在减碳路径中发挥巨大作用（见图 5-1）。《能源技术展望 2020》还根据能源开发和利用形式，提出了重要的能源技术类型（见图 5-2），中短期可实现的技术类型包括工业过程、建筑供热供冷、车辆用能等能效提升，以及可再生能源的利用。

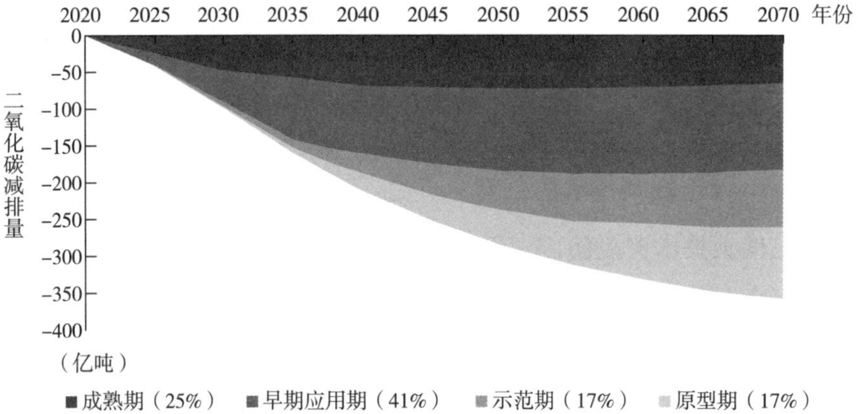


**图5-1 IEA可持续发展情景下按成熟度分类的技术二氧化碳减排量**

资料来源：IEA, Energy Technology Perspectives 2020， Special Report on Clean Energy Innovation, 2020.

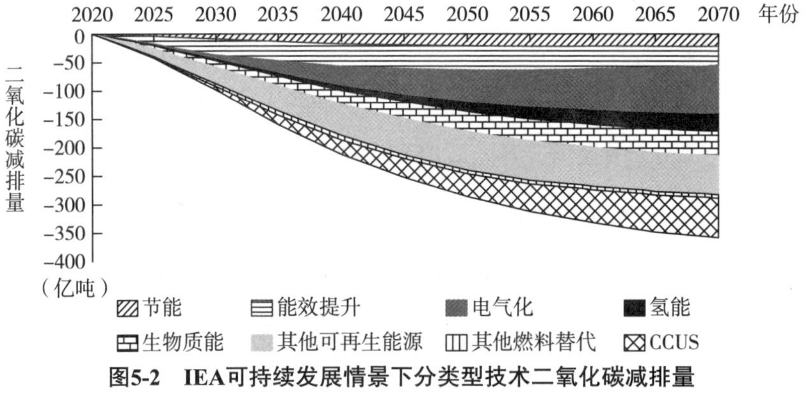


**图5-2 IEA可持续发展情景下分类型技术二氧化碳减排量**

资料来源：IEA, Energy Technology Perspectives 2020, 2020.

我国绿色低碳政策体系中，《中共中央 国务院关于完整准确全面贯彻新发展理念做好碳达峰碳中和工作的意见》和《2030 年前碳达峰行动方案》并未明确定义绿色低碳技术的范畴，但这些文件和行业、领域的低碳工作实施方案和保障措施中，列举了包括从新材料、新技术、新装备到技术集成和产业化规模化应用的技术范畴，也包括了节能和能效、零碳能源、碳汇和碳吸收、储能、氢能等各个技术领域的重点技术。科技部于2014年和2016年发布的两批《节能减排与低碳技术成果转化推广清单》的说明中明确了覆盖范围，主要包括能效提升技术、废物和副产品回收再利用技术、清洁能源技术、温室气体削减和利用技术。国家发展改革委自2014年至2022年发布的《国家重点推广的低碳技术目录》[①]中将低碳技术划分为5类，分别是非化石能源、燃料及原料替代、工艺工程等非二氧化碳减排、碳捕集、利用与封存、碳汇。2022年科技部等九部门发布的《科技支撑碳达峰碳中和实施方案（2022—2030年）》主要按产业领域部署绿色低碳科技开发工作和相关支撑行动。

学术研究也对绿色低碳技术的覆盖范围进行了探讨。何建坤（2013）[②]提出低碳技术主要包括节能和能效技术、新能源技术，以及碳捕集与封存技术（CCS）等。王文军等（2011）[③]将能够减少温室气体排放的技术和无碳技术界定为低碳技术。王灿等（2021）[④]则基于《联合国气候变化框架公约》（UNFCCC），英国、美国和我国的技术清单以及众多国际组织和研究机构的技术展望，构建了应对气候变化技术清单，包括现有技术推广清单、技术需求清单和未来技术清单三大类，依据技术领域、行业和减碳类别对低碳技术进行了分类。黄晶等（2021）[⑤]根据我国碳排放现状和技术需求趋势确定了我

① 2017年增加节能部分，改称《国家重点节能低碳技术推广目录》；2020年根据国家发展改革委、科技部《关于构建市场导向的绿色低碳技术创新体系的指导意见》（发改环资〔2019〕689号），进一步扩充生态环保领域技术，改称《绿色低碳技术推广目录》。

② 何建坤："我国低碳发展的创新之路"，载《中国科技产业》，2013年第2期，第26–31页。

③ 王文军，赵黛青，陈勇："我国低碳技术的现状、问题与发展模式研究"，载《中国软科学》，2011年第12期，第84–91页。

④ 王灿，丛建辉，王克，等："中国应对气候变化技术清单研究"，载《中国人口·资源与环境》，2021年第31卷第3期，第1–12页。

⑤ 黄晶，孙新章，张贤："中国碳中和技术体系的构建与展望"，载《中国人口·资源与环境》，2021年第31卷第9期，第24–28页。

国碳中和技术体系，主要包括节能提效低碳技术、零碳电力能源技术、零碳非电能源技术、燃料原料替代技术、非二气体削减技术、CCUS 技术、负碳技术、集成耦合与优化技术等八类。Fang Wang et al.（2021）[①] 对涉及碳中和的新技术的优势和挑战进行了分析，将低碳技术划分为生态系统（包括农业食品系统、陆地生态系统、海洋生态系统和生物碳）技术以及风能、太阳能、核能、海洋能、氢能、储能等技术，碳捕集、利用与封存（碳捕集、碳运输、碳利用、碳存储）技术、节能技术、卫星监测与数字地球技术。

结合以上绿色低碳技术的不同范畴和多种分类方法，本章从减碳领域和技术集成两个维度对绿色低碳技术进行分类，并讨论其发展前景。

**1. 从减碳领域的维度来看，绿色低碳技术可划分为四类**

一是低碳能源和材料的生产和供应技术，包括可再生能源发电、绿氢和绿氨的生产、生物燃料制备，以及相关燃料和材料的存储和运输技术、配套基础设施的建造等技术。

二是低碳能源和材料的应用技术，包括交通领域的新能源汽车、高速电气化铁路、电动船舶和航空器等技术，工业领域的氢冶炼、高效电热转换和热传导技术、再生材料和高效碳纤维复合材料技术等，建筑和建造领域的装配式建筑、被动式建筑设计和建造、热泵、LED 高效照明、高效热控制技术等，以及农业领域的再生农业、人造肉技术等。

三是工业过程二氧化碳和非二气体排放的管控技术，包括通过工艺流程的更新、材料的替代和循环利用、化学和生物工程等。

四是碳吸收技术，包括 CCS 和 CCUS、空气直接碳捕集、人工光合作用、高效林业管理等自然解决方案（Natural Based Solutions，NBS）、高效农业和可持续养殖等增强的自然过程、基因和生物技术等。

---

① Fang Wang, et al. Technologies and perspectives for achieving carbon neutrality[J]. The Innovation,2021,2(4):1–22.

### 2. 从技术集成的维度来看，绿色低碳技术可划分为三类

一是涉及减碳或减少含碳资源利用的直接相关技术，包括以低碳取代高碳的技术（如天然气替代煤炭、电动汽车替代燃油车、短流程炼钢替代长流程炼钢、高效节能技术等）、零碳技术（可再生能源、核能、氢能利用的技术）、负碳技术（CCS、CCUS、直接空气捕集、NBS 等）三类。

二是通过高效集成直接相关技术或技术整合实现减碳或减少含碳资源利用的技术，包括智能电网、源网荷储一体化应用、综合能源网等基础设施适应性改造技术，高效电解制氢、氢能储运加注、高效燃料电池等以氢为主的基础设施建设和运行技术，支撑多种能源网络协调互动的高效集成技术，以及水泥、钢铁等工艺流程的协同处置和资源综合利用技术等。

三是其他支撑性和基础性技术等，包括气候变化科学基础理论和方法、数字化和互联网技术、人工智能等高效控制策略、生物和材料科技、高度专业化的工业软件等。

## （二）绿色低碳技术创新重点领域

世界许多国家将绿色低碳技术作为其实现国家气候目标的重要支撑，同时也将绿色低碳技术相关的产业发展和就业增加作为参与全球竞争和经济可持续增长的主要抓手。

欧盟 2018 年发布的“全人类的清洁星球：建立繁荣、现代、有竞争力且气候中和的欧盟经济体的长期战略愿景”中，提出建设清洁互联的交通、智能网络基础设施、零排放建筑及完全脱碳的能源供应；2019 年欧盟委员会发布的《欧洲绿色新政》和 2021 年发布的“Fit for 55”一揽子计划草案就能源、工业、建筑、交通、农业、基础设施等各个领域的技术和产业发展进行了部署并提出了新的或更新的保障措施和机制设置①。

① 以下如欧盟、美国、日本及IEA、IRENA和ETC的信息都来自其官网。

美国2009年在能源部下设立了先进能源研究署（ARPA–E），致力于先进能源技术，特别是低碳能源技术的研究、开发和商业化。美国2021年11月通过的《基础设施投资和就业法案》（*Infrastructure Investment and Jobs Act*）将在交通领域重点支持电动汽车和充电基础设施、零排放和低排放的交通运输解决方案；美国能源部出台的“能源攻关计划”（Energy Earthshots Initiative）旨在推动重大能源创新突破，以提供更丰富、可靠和可负担的清洁能源解决方案应对气候危机，计划每年提出6～8个攻关目标，目前已提出了氢能攻关、长周期储能攻关和负碳技术攻关三个目标。英国的“绿色工业革命十点计划”（The Ten Point Plan for a Green Industrial Revolution）拟投入120亿英镑支持海上风电、低碳氢能、下一代核电技术、零碳车辆、绿色公共交通、绿色航空航运以及碳捕集、利用和储存等10个领域的研究。

日本经济产业省依据其国家自主贡献目标提出的《2050碳中和绿色增长战略》（*Green Growth Strategy Through Achieving Carbon Neutrality in 2050*）拟动员超过240万亿日元的投资促进海上风电/光伏/地热、氢能/燃料氨、核能、零碳交通工具等14个技术领域的发展。除此之外，各个国家在其提交的温室气体减排长期战略（LTS）文件中对其减排路径下的主要绿色低碳技术也进行了描述（见表5–1）。

**表5-1　各国LTS和政策文件中的主要技术方向**

| 国家和地区 | 主要低碳技术方向 |
|---|---|
| 欧盟 | 能效提升技术、可再生能源、天然气脱碳、能源系统智能融合技术、工业领域的数字技术、循环经济产品、高能效和高资源利用效率建造及翻新技术、零碳交通技术、可持续农业 |
| 美国 | 零碳电力供应技术、零碳氢和可持续生物燃料、节能技术、新型制冷剂、农业和工业非二气体控制技术、NBS、CCS、CCUS、零碳车辆等 |
| 英国 | 海上风电、低碳氢、先进核电、零碳车辆、绿色公共交通、零碳航空航运、绿色建筑、CCS、CCUS、生态修复 |
| 德国 | 可再生能源、电网互联、绿氢和配套基础设施、储能、工业原材料循环技术、节能技术、电动汽车和充电基础设施、建筑节能技术 |

续表

| 国家和地区 | 主要低碳技术方向 |
|---|---|
| 日本 | 海上风电、下一代光伏、绿氢和燃料氨、合成甲烷、下一代核电、零碳车辆、下一代半导体和绿色数据中心、零排放航运和港口、有机农业、零碳航空、碳吸收材料、零能耗建筑、循环回收技术 |
| 韩国 | 零碳车辆、清洁电力、CCUS、氢能炼钢、零能耗建筑、可持续农业、海草固碳 |
| 澳大利亚 | 零碳氢能和基础设施、可再生能源、储能、CCS和CCUS、化学抑制剂和生物工程降低牲畜甲烷排放、低排放水泥 |
| 南非 | 可再生能源发电、生物燃料、林地修复和农林复合经营 |

资料来源：根据公开资料整理。

IEA《2021 年世界能源展望》（*World Energy Outlook 2021*）全球零碳情景（Carbon Neutral Scenario，CNS），从工业、建筑、交通、电力与供热、低碳氢和碳捕集几个主要技术领域刻画了未来全球能源转型的路径，提出 2050 年全球可再生能源比重由 2020 年的 12% 提高到 67%，核能比重由 5% 提高到 11%，油、气、煤合计由 79% 降至 23%，终端能源电气化率由 20% 升至 49%，氢从 0 升至 6%。

国际可再生能源署（IRENA）的《世界能源转型展望：1.5℃路径》（*World Energy Transitions Outlook—1.5℃ Pathway*）中将可再生能源（电力和直接利用）、绿氢产输储用技术、可持续生物质能、碳捕集和去除技术作为全球实现净零排放的主要技术路径，并需要持续的投资和强有力的政策环境作为保障，预计到 2050 年，需要总计超过 131 万亿美元的投资，其中 80% 需要投向以上的技术领域和支持技术实现的解决方案，如能效提升和电力系统灵活性等（见图 5–3）。

能源转型委员会（ETC）2020 年《践行使命——打造全球零碳经济》（*Making Mission Possible 2020*）报告中提到，净零排放必须满足技术和经济可行，实现零碳经济需要分三步走，第一步是通过节能、提高资源利用效率和改变用能方式以使用更少能源，第二步是提升清洁能源供应，

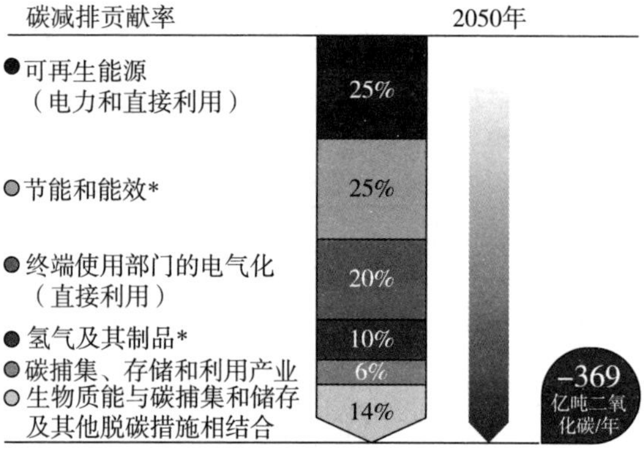


**图5-3　IRENA的1.5℃情景下各类技术减排贡献率**

资料来源：IRENA，《世界能源转型展望：1.5℃路径》, 2021。

第三步是使各个领域都能使用清洁能源。报告对未来重要低碳技术及其成熟的时间点进行了展望，并从循环利用 / 效率提升、清洁能源供应和清洁能源应用三个领域进行了分类（见图 5–4）。其《务实行动：实现本世纪 20 年代内升温低于 1.5℃的目标》（*Keeping 1.5℃ Alive*: *Closing the Gap in the 2020s*）报告则进一步强调了其于自然的解决方案、退煤、内燃车辆禁售、建筑和生产能效标准的提升，以及钢铁、水泥、航空和航运领域零碳技术的研发和投资。

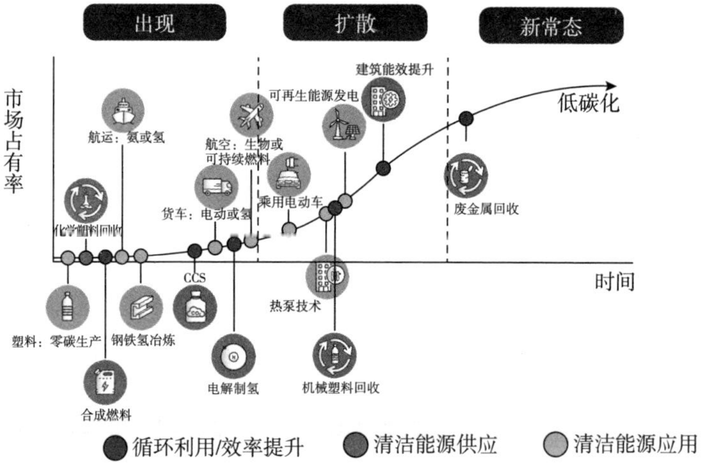


**图5-4　ETC的零碳技术发展图景**

资料来源：ETC, *Making Mission Possible* 2020, 2020.

发展中国家的绿色低碳技术则主要来自于发达国家，绿色低碳领域的技术援助和技术转移，这也是全球气候治理的重要安排。UNFCCC 和联合国气候技术中心网络（CTCN）根据公约对部分发展中国家应对气候变化的技术需求清单进行整理，目前已有 106 个国家提供了 321 项技术需求。技术需求清单可用于联合国气候技术机制为发展中国家提供更精准的援助①，也可成为发展中国家科学制定国家自主贡献（NDC）的重要参考。根据对 2015—2018 年的碳排放减缓技术需求清单分析，超过 86% 的国家认为能源领域的绿色低碳技术最重要，其次是交通领域（32%）。能源领域中的大部分需求均与电源技术相关，包括太阳能、水电和生物质能等，还有一部分与节能相关，交通部门则更关注电动汽车、交通管理和公共交通等（见图 5-5）。

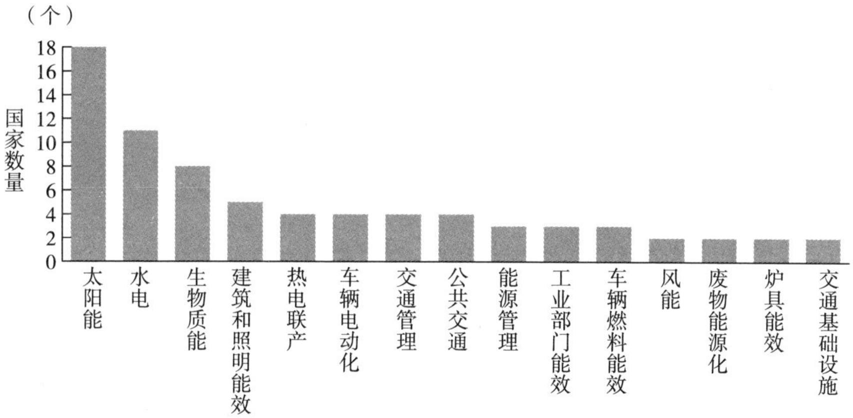


**图5-5　发展中国家最重要的技术需求排序**

资料来源：联合国环境规划署（UNEP），技术需求分析：国家清单总结（2015—2018），2020。

金融投资机构将绿色低碳技术作为未来投资布局的重要领域。麦肯锡在《创新至净零：气候技术摘要指南》（*Innovating to net zero：An executive's guide to climate technology*）报告中提出了 5 个重要的绿色低

① CTCN迄今已通过公共和私人捐赠向发展中国家援助了约12.4亿美元的资金和技术，减少了约1290万吨/年的二氧化碳排放。

碳技术领域（见表5–2），并认为这些技术未来五年将吸引1.4万亿～2万亿美元的投资，且在未来30年将减少约40%的温室气体排放。中金公司在《碳中和经济学》中提出的技术路径则将各个时期的技术和投资重点进行了刻画（见图5–6），主要分为节能技术、减排技术、电力能源碳中和技术、零碳技术和负碳技术。

**表5-2　碳中和下重要的绿色低碳技术领域**

| 技术领域 | 主要技术 | 未来5年年均投资 | 2050年碳减排量 |
|---|---|---|---|
| 电气化 | 动力电池、电池管理系统<br>高效建筑系统<br>工业电气化 | 7000亿～10000亿美元 | 50亿吨 |
| 农业 | 零碳农机具<br>生物工程、人造肉<br>甲烷抑制剂<br>厌氧粪肥处理 | 4000亿～6000亿美元 | 100亿吨 |
| 电力系统 | 中长期储能<br>先进控制、软件和通信<br>电动车和建筑的需求响应<br>下一代核电<br>高效材料 | 2000亿～2500亿美元 | 50亿吨 |
| 氢能 | 低成本绿氢生产<br>道路交通燃料、航空燃料<br>氨生产、氢冶炼 | 1000亿～1500亿美元 | 25亿吨 |
| 碳捕集 | 燃烧前后捕获技术<br>直接空气捕集<br>生物质碳捕集封存<br>生物质炭、碳吸收混凝土 | 100亿～500亿美元 | 30亿吨 |

资料来源：麦肯锡, Innovating to net zero: An executive's guide to climate technology, 2021。

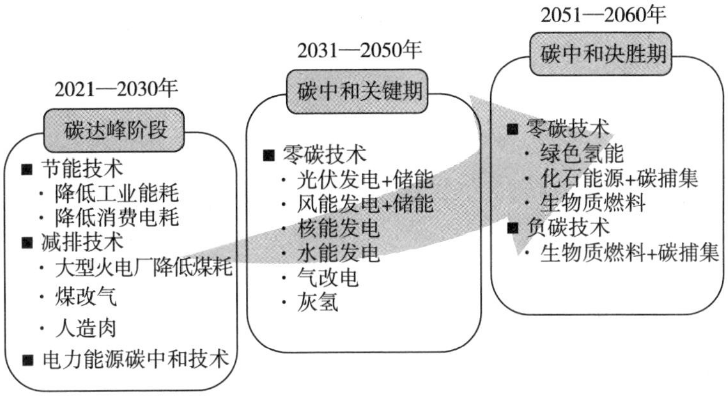


**图5-6 实现能源碳中和的技术路线图**

资料来源：中金公司研究部, 2021。

企业是低碳技术创新环境塑造的重要参与者和重要主体。2021 年欧盟委员会和 OECD 联合发布的全球龙头研发投资企业的《为气候中和铺平道路》（*Paving the way for climate neutrality*）报告，对各国的企业投资、企业所在领域、各个行业研发投入强度等指标进行了测算和分析，全球 70% 的气候领域的技术专利和 10% 以上的气候领域产品商标均由这些龙头企业申请，一些国家的企业更专注于技术和商业模式的创新（如丹麦），而另一些国家则更专注于技术应用和产品生产规模化（如中国）。电力、燃气和供热行业企业的专利总量位居世界第一，但此行业中的龙头企业申请的气候相关技术的专利数量并不多，未进入相关专利数量排名前五。这既体现了这些行业自然垄断的属性，也体现了这些行业内的企业在气候相关技术领域的研发投入相对不足。约有 20% 的气候相关的专利和超过 60% 的气候相关的产品商标涉及数字技术，表明了数字化对支撑绿色低碳产业发展的重要作用。但气候相关的专利数量在所有数字技术和通信行业专利总量中的占比不足 5%，说明数字领域的技术发展与低碳结合度相对较低，企业对低碳创新的投资相对不足，需要加强数字行业自身的低碳化。

## （三）各国支持低碳技术创新和产业发展的主要策略

实现经济社会的绿色低碳转型依赖低碳技术的创新突破和规模化应用。因此，各国政府的低碳发展战略和发展路径都将推动其低碳技术创新和产业发展作为其实现绿色低碳转型目标的重要抓手，并为低碳技术创新和产业应用提供各类政策支撑。

### 1. 为低碳技术规模化应用提供经济激励

发达国家为推动低碳技术创新和市场投资，提供了多样的经济激励政策。在能源低碳发展方面通过固定上网电价（Feed–in–Tariff）、溢价补贴（Market Premium）、差价合约（Contract–of–Difference）、招标电价等形式，为可再生能源提供了电价补贴（见图 5–7），促进了可再生能源尤其是风电和光伏发电的规模化发展。除此之外，可再生能源配额制（Renewable Portfolio Standard）、中长期电力合同（Power Purchase Agreement）、绿色证书（Green Certificate）等机制分别通过扩大消费侧需求、降低市场价格波动风险、环境效益外部化等方式，为可再生能源的发展提供了良好的市场环境（见图 5–8）。

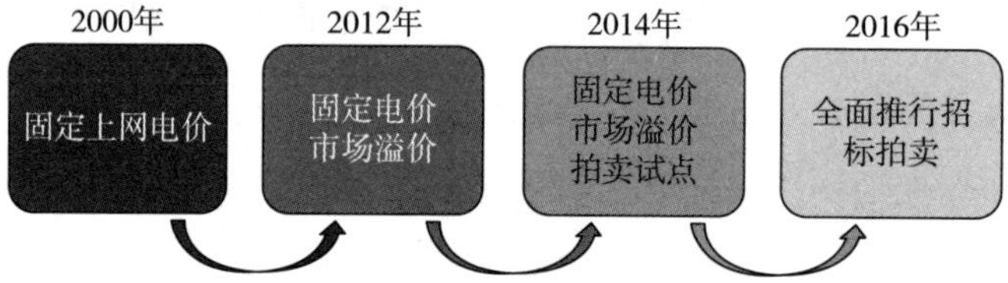


**图5-7 德国可再生能源电价机制演变**

资料来源：德国国际合作机构（GIZ）、国家发展和改革委员会能源研究所。

类似的政策机制也推动了美国新能源汽车产业和技术的发展。美国加州空气资源委员会（CARB）于 2012 年牵头实施了先进清洁车辆计划（Advanced Clean Cars Program，ACC I），计划包括低排放车辆标准和法规的修订。2012 年修订后的法规要求汽车生产商其产品组合中必须有零排放汽车（Zero–Emission Vehicle，ZEV，如电动汽车、氢燃料电池车等）以及低碳

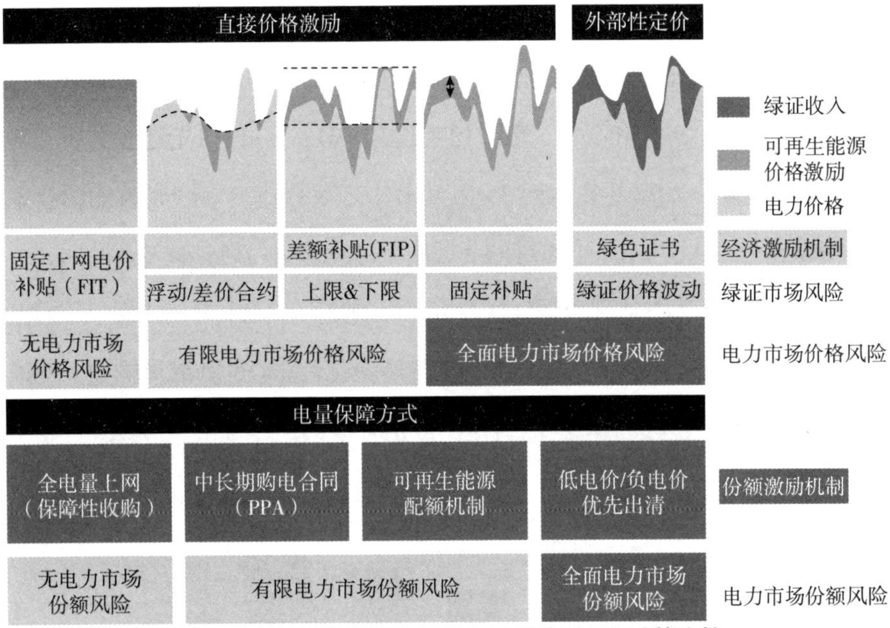


**图5-8　发达国家可再生能源市场激励机制和政策比较**

资料来源：课题组根据国家发展和改革委员会能源研究所和公开资料整理。

汽车（Near Zero-Emission Vehicle，NZEV，如插电混合汽车等）。为实现2025年清洁能源汽车销售渗透率达到15%的目标，加州为汽车生产商设置了正负积分机制，以激励生产和销售更多的零排放汽车。2021年，零排放车辆占加州所有轻型车销量的11.5%，远高于美国全国的平均水平。ZEV法规目前已被其他16个州采纳，且CARB也于2019年将类似机制引入卡车行业，并正在对轻型车开展先进清洁车辆计划第二阶段（ACC II）规则的制定。

## 2. 持续推动技术创新投资和创新环境建设

创新政策支持以及政府与公共部门投资对规模化部署前低碳技术发展十分重要。根据IEA统计，2020年IEA成员国的低碳能源技术[①]公共投资较

① 包括能源效率、CCS和CCUS、可再生能源、核能、氢能和燃料电池、储能技术和其他跨领域赋能技术。

2019 年大幅增长，达到了 222 亿美元，占全部能源技术投资的 96%（见图 5-9）。所有成员国中，美国和加拿大的投资增幅最高，分别增长了 6.8 亿美元（同比增长 9%）和 2.4 亿美元（同比增长 31%）。美国先进能源研究署（ARPA-E）2009—2022 年投入近 35 亿美元，支持了 1500 多个先进能源技术开发和商业化项目。2022 年通过的《通胀削减法案》（*Inflation Reduction Act*, IRA）则被认为是集中体现美国气候政策目标的重大产业政策，计划十年内提供 3690 亿美元支持美国新能源和电动车的产业化。非 OECD 成员国中，中国的低碳能源技术公共投资额度最高并保持相对稳定，约为 40 亿美元 / 年。

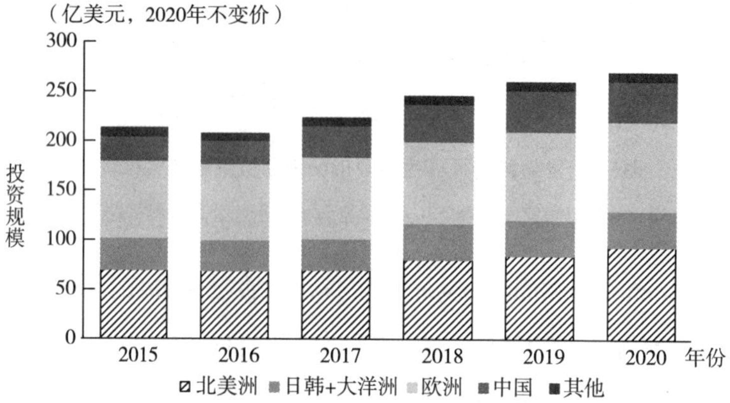


**图5-9　2015—2020年各国（或地区）低碳能源技术公共投资规模**

资料来源：IEA, 2021。

除了持续投资外，各国（或地区）主要使用的政策工具还包括设立重点技术产业创新基金和计划、统筹相关产业领域技术创新管理和研发平台、整合研究资源投入以及其他有利于改善创新和创业环境的政策（见附表 5-1）。支持低碳技术开发还需要加大基础教育和研发投入，如培养各类科学家、工程科研人员和技术工人，以及支持基础性材料、工业设计和仿真软件、精密装备设计制造、基础控制理论等基础领域研究。各国均通过提升对科学—技术—工程—数学（STEM）领域教育的支持力度，加强基础科研领域的国际合作，以及改善新技术初创企业投资环境等方式促进绿色低碳科技创新。

### 3. 打造国际技术和产业创新联盟

国际合作对于提升低碳技术创新的效率、最大化低碳技术创新的效益具有重要作用。国际合作有利于各国获得合适或优质的科研人才和设备，实现便捷以及与需求更匹配的低碳技术转让，使技术标准更好地匹配研发需求和方向，以及促进新技术的转化应用和产业化。

以低碳能源领域为例，IEA 的技术合作项目（Technology Collaboration Programmes，TCPs）是全球范围内影响最广泛的能源技术国际合作平台之一，共有超过 55 个国家 300 多个公共或民营领域科研机构约 6000 名技术专家参与了 IEA-TCPs。虽然 IEA 并不向 TCPs 提供资金支持，但通过平台分享科研进展、凝聚共识、与政府部门交流观点，更好地推动了低碳技术知识共享和激励创新。除此之外，在哥本哈根联合国气候大会（COP15，2009 年）之后和巴黎联合国气候大会（COP21，2015 年）之后，分别建立了清洁能源部长级会议（Clean Energy Ministerial，CEM）和使命创新（Mission Innovation，MI）两个多边的部长级机制，旨在通过低碳能源技术创新和更广泛的产业和政策合作促进全球低碳能源产业发展和能源绿色低碳转型。除此之外，区域多边组织和平台也发挥了积极作用，如 APEC 的能源工作组和“一带一路”的绿色能源合作倡议。

我国先后与欧盟、澳大利亚、丹麦、法国、芬兰、奥地利、美国、日本、韩国等国家和地区共同支持了清洁能源和低碳技术发展的科技合作项目，由科技部等项目管理单位统一管理。根据科技部统计，中国已同 161 个国家和地区建立了科技合作关系，签署了 114 份科技合作协议，还有约 200 份中外部门间合作协定涉及科技合作，参与了 200 多个政府间科技型国际组织、多边机制和国际大科学工程计划等[①]。其中，根据《中华人民共和国政

① 人民日报海外版：“中国科创惠及世界——2022年中国国际科技合作成果丰硕”，https://www.gov.cn/xinwen/2023-01/16/content_5737216.htm。

府和美利坚合众国政府科学技术合作协定》（1979 年）、《中美清洁能源联合研究中心合作议定书》（2009 年）和《关于中美清洁能源联合研究中心合作议定书的修正案》（2015 年），在 2009—2016 年中美双方政府各投入超 7000 万美元支持了清洁煤、清洁汽车和建筑节能等领域的技术研究，并共同制定了知识产权分享和利用的技术管理规划。然而随着特朗普政府上台和中美贸易摩擦，中美低碳技术领域合作出现停滞。中国与欧盟的低碳技术合作则相对稳定，在 1998 年签订《中欧科技合作协定》后，一直保持着较为活跃的科技合作，尤其是《中欧科技伙伴计划》（2009 年）和《中欧创新合作对话联合声明》（2012 年）的签署，促成中国的科研机构广泛参与了自欧盟“第五框架项目”至今的欧盟所有研发计划，近 5 年中欧的官方资金投入近 7 亿欧元。随着低碳技术科研和产业实力的提升，中国的合作对象也由与发达国家合作为主向与发展中国家和“一带一路”沿线国家 / 地区合作倾斜。

## 二、我国绿色低碳技术创新的进展

绿色低碳技术创新是我国实现碳达峰碳中和战略目标的重要保障。近年来，我国绿色低碳技术创新取得了一定成效，研发能力不断提高，可再生能源发电等技术产业化应用发展迅速，绿色低碳技术创新的制度环境不断改善。与此同时，我国绿色低碳技术创新还面临基础研发亟待加强等问题。

### （一）我国绿色低碳技术创新取得积极进展

近年来，我国国家创新体系不断完善，创新能力不断提高，已进入创新型国家行列[①]。世界知识产权组织发布的全球创新指数显示，我国创新排

---

① 人民日报：“中国这十年：我国成功进入创新型国家行列”，https://www.gov.cn/xinwen/2022-06/07/content_5694355.htm。

名从 2015 年的第 29 位跃升至 2020 年的第 14 位。2020 年我国全社会研发投入为 2.44 万亿元，占 GDP 比重为 2.40%，与欧盟平均水平相当。伴随着国家整体创新能力的提高，绿色低碳技术创新也取得了较大进展，光伏发电、动力电池、煤直接液化和间接液化等技术的开发与应用走在了世界前列，绿色低碳技术相关的技术交易市场规模逐步扩大，有力支撑了绿色低碳产业发展。

### 1. 我国绿色低碳技术研发进步迅速

自 1990 年以来，我国绿色低碳技术专利数快速增长（见图 5-10）。特别是 2010—2019 年，我国绿色低碳技术专利数增长了 200%，数量从不足 2000 个增加至 2019 年的 5000 多个，占全世界比重从 5% 增长至 15%。经过 20 多年的发展，我国绿色低碳技术专利数升至全球第 3 位，已成为全球重要的绿色低碳技术创新国家。

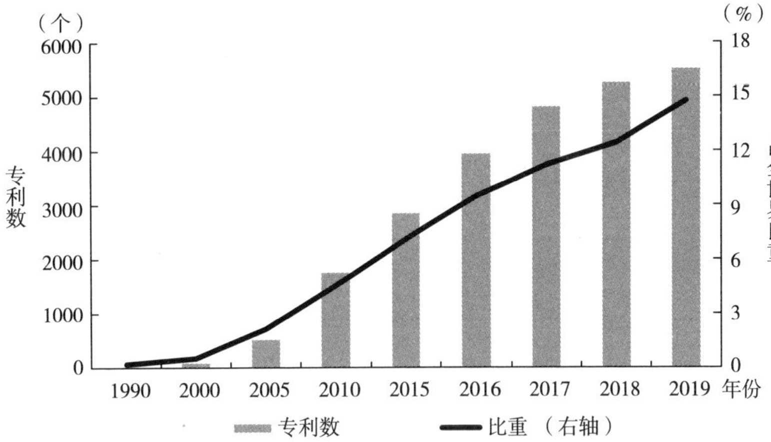


**图5-10　中国绿色低碳技术专利情况变化趋势**

资料来源：OECD 数据库。其中，绿色低碳技术指数据库中环境相关技术（environmental-related technologies），包括环境管理和气候变化减缓两大类。

从技术领域来看，OECD 数据库将气候变化减缓相关的绿色低碳技术分为七类：气候变化减缓相关的 ICT 技术、能源低碳转型技术、废物处理技术、温室气体捕集技术、低碳交通技术、低碳建筑技术和低碳生产技术。按照上述分类，我国在能源低碳转型、低碳生产和低碳交通领域的专利数较多，占比依次为43%、18%和15%；而温室气体捕集等负碳技术发展较为缓慢，专利数占比接近于0（见图5–11）。

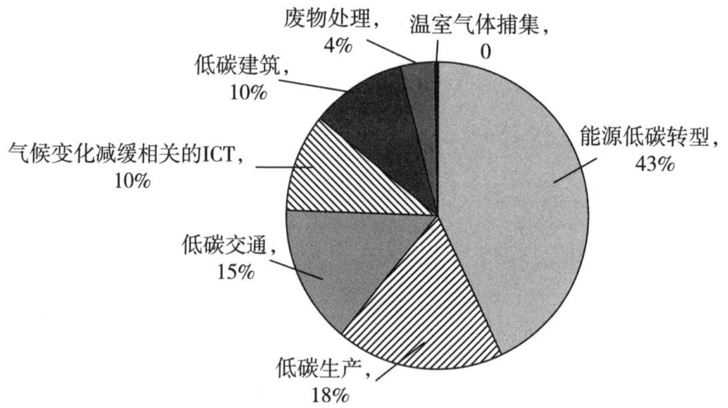


**图5-11　中国绿色低碳技术专利分领域情况（2019年）**

资料来源：OECD数据库。

具体到细分领域技术，“十三五”时期，我国储能技术中电池技术发展迅速，近几年该领域专利技术数量均超过中国绿色低碳技术专利数的20%，处于我国绿色低碳技术创新第一梯队。太阳能光伏、电动汽车和气候适应相关的ICT技术处于第二梯队，其占比约为中国绿色低碳技术专利数的10%。风能、建筑节能和金属冶炼节能技术处于第三梯队，其占比约为中国绿色低碳技术专利数的5%。

### 2. 我国绿色低碳技术产业化应用发展迅速

我国拥有全世界最完整的工业体系，工业生产涵盖了联合国产业分类规定的39个大类191个中类525个小类。与此同时，我国还拥有超大规模国内市场。面对新一轮科技革命与绿色低碳转型，我国绿色低碳技术产业化应用发展迅速，可再生能源发电、新能源汽车、电池等行业逐渐领先全球水平。

截至2022年底，我国可再生能源发电总装机容量12.13亿千瓦，占全球可再生能源发电总装机量比重超过35%。其中，风电、光伏发电、生物质发电装机容量分别达3.65亿千瓦、3.93亿千瓦、0.41亿千瓦，分别占全国总发电装机容量的14.3%、15.3%和1.6%，均位居世界首位。2022年，全国可再生能源发电量达2.7万亿千瓦时，占全社会用电量的31.6%。2010年以来，我国在新能源领域累计投资超过8000亿美元，占同期全球新能源发电建设投资的30%。风电、光伏发电设备制造形成了完整的产业链，技术水平和制造规模位于世界前列，为全球能源清洁低碳转型提供了重要保障。截至2022年底，我国多晶硅、光伏电池、光伏组件等产品产量占全球总产量份额均位居全球第一，连续10年成为全球最大新增光伏市场，多晶硅、光伏电池、光伏组件的产量占全球总产量份额均超过2/3，光伏产品出口到200多个国家和地区，降低了全球清洁能源使用成本；新型储能装机规模约1300万千瓦，位居全球第一。

随着新一轮科技革命和产业变革孕育兴起，新能源汽车产业正进入加速发展的新阶段。截至2022年底，新能源汽车保有量已达1310万辆。2022年，我国新能源汽车销售688.7万辆，同比增长93.4%，连续8年位居全球第一。同时，技术领域创新成果亮点纷呈，动力电池单体能量密度在300wh/kg左右、系统能量密度超过200wh/kg，可持续发展能力进一步提升。

此外，动力电池产业也成为全球绿色低碳转型的重要领域。根据韩国SNE Research的研究报告，2022年我国提供了全球60.4%的新能源汽车动力电池产品，远超韩国的23.7%和日本的7.3%。在全球动力电池装机量前十的企业中，中国拥有6家（见表5-3），已经形成了以宁德时代、比亚迪等企业为代表的动力电池产业优势。

表5-3　　2022年全球动力电池装机量和市场占有情况　　单位：%

| 序号 | 企业名称 | 2022年装机量（GW·h） | 2021年装机量（GW·h） | 同比增长（%） | 2022年市场份额（%） | 2021年市场份额（%） |
|---|---|---|---|---|---|---|
| 1 | 宁德时代（中国） | 191.6 | 99.5 | 92.5 | 37.0 | 33.0 |
| 2 | LG新能源（韩国） | 70.4 | 59.4 | 18.5 | 13.6 | 19.7 |
| 4 | 比亚迪（中国） | 70.4 | 26.4 | 167.1 | 13.6 | 8.7 |
| 3 | 松下（日本） | 38 | 36.3 | 4.6 | 7.3 | 12.0 |
| 5 | SK On（韩国） | 27.8 | 17.3 | 61.1 | 5.4 | 5.7 |
| 6 | 三星SDI（韩国） | 24.3 | 14.5 | 68.5 | 4.7 | 4.8 |
| 7 | 中创新航（中国） | 20 | 8 | 151.6 | 3.9 | 2.6 |
| 8 | 国轩高科（中国） | 14.1 | 6.7 | 112.2 | 2.7 | 2.2 |
| 9 | 欣旺达（中国） | 9.2 | 2.6 | 253.2 | 1.8 | 0.9 |
| 10 | 孚能科技（中国） | 7.4 | 2.4 | 215.1 | 1.4 | 0.8 |
|  | 其他 | 44.5 | 28.5 | 55.9 | 8 | 9.5 |
|  | 合计 | 517.9 | 301.5 | 71.8 | 100 | 100 |

资料来源：作者依据公开资料整理。

### 3. 我国绿色低碳技术创新环境不断改善

减污降碳监管日趋严格，提高了绿色低碳技术创新的市场需求。绿色低碳技术创新具有双重外部性，其市场需求规模受减污降碳严格程度的影响较大。党的十八大以来，生态文明建设在国家现代化建设中的地位不断提升，力度持续加强，生态文明制度体系不断改善。中央生态环境保护督察制度、碳排放权交易制度、排污收费制度、能源消费总量和强度控制制度、单位 GDP 能耗考核制度等生态文明制度不断完善，企业使用绿色低碳技术的积极性不断提高，市场需求进一步扩大，更好激发了各类社会主体参与绿色低碳技术创新的积极性。此外，《中华人民共和国促进科技成果转化法》《中华人民共和国环境影响评价法》《中华人民共和国可再生能源法》《中华人民共和国专利法》《中华人民共和国清洁生产促进法》《中华人民共和国环境保护法》等多部法律的制定和修订，更好调动了生产者、所有者和使用者的积极性，为推动绿色低碳技术创新提供法律保障。2019年，《国家发展改革委 科技部关于构建市场导向的绿色技术创新体系的指导意见》（发改环资〔2019〕689号）文件出台后，支持绿色低碳技术创新的环境进一步完善。

知识产权保护制度不断完善，保护和提高了创新积极性。党的十八大以来，党中央、国务院从加强顶层设计、完善法律法规、改革体制机制、加强司法和行政保护等方面，对知识产权保护制度作出决策部署，采取切实措施，取得了良好成效。国家知识产权局的调查显示，2012—2020年，我国专利权人遭遇侵权比例从28.4%下降至10.8%，专利侵权诉讼高额赔偿比重逐步加大，专利权人维权意识普遍增强，我国知识产权保护水平显著提升，绿色低碳技术的产权保护能力也不断提升。

绿色低碳技术推广和市场化交易规模不断扩大。近年来，相关部门通过技术推广目录、技术推广试点等措施积极推动绿色低碳技术成果应用。2008—2020年，国家发展改革委先后发布了多批《绿色技术推广目录》（又名《国家重点节能技术推广目录》）。工信部发布了《绿色数据中心先进适用技术产品目录》《再生资源综合利用先进适用技术目录》等多批目录。此外，绿色低碳技术市场规模逐步扩大。2016—2019年，新能源与高效节能领域的技术合同交易额从1139亿元增至2814亿元，增加了近1.5倍；2019年，新能源与高效节能领域技术合同成交额同比增幅就达到82.7%；环保与资源综合利用领域的技术合同交易额从926亿元增至1623亿元，年均增长21%。

### （二）我国绿色低碳技术创新面临的新挑战

当前，我国绿色低碳技术创新的部分领域已经达到世界前沿，加强基础研究以实现根本性突破的需求日益迫切。同时，我国国家创新体系建设进入新阶段，进一步优化创新环境、释放我国经济社会蕴藏的巨大创新潜力的需求也日益迫切。

**1. 绿色低碳技术的基础领域存在短板，基础研究亟待加强**

我国绿色低碳领域的技术积累程度与美国、日本、德国等发达国家相比仍存在一定差距，特别是一些与绿色低碳技术相关的关键材料、关键设备、核心软件仍然存在明显短板。我国部分领域如光伏技术、动力电池技术已经接近或处于世界前沿，要保持领先优势或进一步发展就必须要加强基础研究和前沿技术布局，以实现基础科学、基础理论和重大技术突破。与美国、日本和欧盟相比，我国基础研究上投入强度不足，基础研究的项目管理方式有待完善，通过基础研究培养人才的经验欠缺。

**2. 支持绿色低碳科技创新的制度和社会环境亟待进一步改善**

我国国家创新体系基本完成了从基于计划经济向基于市场经济的全面重构，我国已经进入创新型国家行列。但面对新一轮科技革命和产业变革，面对日益复杂严峻的国际格局，我们必须加快建设科技强国，实现高水平科技自立自强。这就需要我们进一步完善支持科技创新的制度体系和社会环境。当前，我国市场制度体系仍有待完善，尤其是创新比较活跃的能源领域的市场化改革还需进一步深化，全国统一大市场建设有待加速。促进减污降碳的政府监管方式和工具还需改进。制度环境的不足一定程度上影响了市场的充分竞争和价格信号激励对绿色低碳创新的引导作用。我国创新体系仍待进一步完善，特别是基础研究、应用基础研究、应用研究、技术开发、产业应用等的布局亟待优化。政府对基础研究和应用基础研究的支持力度和支持方式仍需改进，知识从创造、扩散到应用各环节的交易费用有待进一步降低。

## 三、促进我国绿色低碳科技创新的建议

绿色低碳科技创新是我国实现碳达峰碳中和目标的关键，也是实现经济高质量发展的关键。绿色低碳技术领域广阔，创新空间巨大，既需要现有技术的组合创新，又需要在低碳能源、碳吸收等领域中实现根本性突破。我国在各领域有提高能效降低排放的较大空间，在新能源领域特别是可再生能源领域有较好基础，积累了面向未来碳中和基础研究的人力物力财力基础，通过深化改革可释放我国全社会蕴含的巨大创新潜力。因此，立足我国国家创新体系不断完善、新能源领域产业基础较好、创新内在动力活跃、国内市场规模巨大、丰富应用场景提供良好技术试错和技术迭代机会等综合优势，加快科技体制改革，强化市场导向的技术创新和应用，做好碳中和使命导向的基础研究与前沿技术布局，在支撑我国“双碳”目标实现过程中实现科技创新能力稳步提升和创新绩效快速改进。

### （一）深化改革，强化市场导向的创新激励

深入推进科技体制改革，形成激励绿色低碳创新的制度和市场环境。在能源领域，深化电力体制、油气体制改革，扩大所有竞争环节的市场准入包括外资准入，加强垄断环节的接入监管和价格监管，理顺能源价格形成和传导机制，以价格信号引导资源配置，引导企业围绕节能减排开展诱致性技术创新。我国新能源、电动车领域已经显现出市场导向的创新活力，关键是进一步完善创新体系，特别是根据高校、科研院所、企业等多种创新主体，分类建立不同的支持政策和内部激励机制，建立健全有利于知识创造、流通、应用和人才培养的生态系统。

按照“市场引领，重点突破”原则，面向全球绿色低碳产业“新赛道”领域日益激烈的全球竞争，部署重大科研联合攻关和产业政策支持，

解决重大技术瓶颈问题和产业化问题。

按照“扩大开放，畅通知识技术渠道”原则，在面临欧美技术打压的不利形势下，千方百计扩大开放，包括扩大投资准入、减少信息壁垒、吸引顶尖科技人才来华工作，加强技术流通、知识流通、人才流通。

按照“包容审慎”的监管原则，对于绿色低碳领域产业技术创新，特别是跨领域跨行业的集成创新，实行创新与规范并举且突出创新优先。建立科学、规范的程序，允许和鼓励科学家对一些重大科技政策开展公开讨论甚至争论。

建立绿色低碳技术发展委员会或联席会议制度，统筹全国绿色低碳技术消化吸收与再创新工作，特别是知识产权保护与共享机制建设，尽量避免出现国内部门间、行业间各自为战的局面。成立以行业协会、行业综合研发机构或龙头企业引领的绿色低碳技术发展联盟，形成风险共担的绿色低碳技术联合开发体系，促进行业内部在低碳技术引进、知识产权共享方面的协同与合作。建立国家绿色低碳科技创新专项基金，支持“绿色低碳技术国家队”建设、绿色低碳技术信息网络系统建设，通过国家资金的引导推动民间资本的投入。

### （二）面向“碳中和”使命，在基础研究领域全面布局

要实现“碳中和”，还需在许多领域实现重大技术突破，而这些突破必须建立在基本原理、基础理论的突破之上。面向碳中和，发达国家已经在基础研究领域系统布局，加大对气候变化、各类碳吸收技术，包括可控核聚变在内的先进核能技术等的基础研究和应用基础研究力度，以期获得根本突破。作为全球第二大经济体和在新能源和新能源汽车领域有较强产业创新能力的国家，我国无论从创造知识的义务，还是从支撑新能源领域保持国际竞争力的需求来说，都到了需要加大基础研究投入的阶段。因

此，建议按照“使命导向，全面布局”原则，加大对面向“碳中和”的基础科学和基础理论研究的投入力度，对从低碳、零碳到负碳的所有科学领域都加大投入，吸收借鉴美国、欧盟在绿色低碳技术领域的布局经验，实现绿色低碳基础研究领域全覆盖。我们应该随着学科成熟和国家财政能力的增加而不断加大对低碳领域基础研究的投入。

要尽量消除妨碍知识流通的信息障碍，特别是在面临美国等西方国家技术封锁的情况下，尽快着力消除对科学研究活动的信息限制，消除内外信息管制壁垒带来的知识流通障碍，为低碳领域的科学研究和技术创新提供高效的信息获取渠道。

支持政府、学界、企业和科研人员，积极参与国际上关于绿色低碳科技的交流合作。建议在绿色低碳的基础研究领域发起设立开放的大科学研究计划，鼓励包括美国在内的发达国家科学家参与，并不断加强对发展中国家科学家参与的支持力度。

### （三）完善绿色低碳技术创新政策

根据碳达峰碳中和“1+N”政策体系的部署，加快编制重点行业绿色低碳技术发展路线图和近中期绿色低碳技术清单，选择成熟度较高、成本较低的优势技术，组织推动大范围、大规模推广；支持处于市场化初期的技术通过示范工程等措施，逐步提高其成熟度；对尚处在研发阶段、减排成本较高但减排效果高的碳中和技术，在现阶段应前瞻性地加大研发力度，作好战略性的技术储备。

强化绿色低碳关键技术装备研发应用的经济激励，优化绿色低碳领域税制，适当提高传统化石能源税率，提高非清洁能源使用成本；发挥国家科技计划及相关专项作用，加大绿色低碳基础、共性和关键技术研发补贴力度。

探索建立绿色低碳技术研发后端激励的“专利盒”制度，对绿色低碳研发相关企业通过获得专利及其他知识产权而获得的收入减征所得税，对购置国产技术设备企业实施加速折旧、研发费用加计扣除等优惠政策；实行关税和进口增值税减免政策，降低先进技术进口与应用成本，鼓励引进先进绿色低碳技术设备。鼓励能源企业转让技术，进一步扩大增值税即征即退范围。

完善科研人员激励机制，构建充分体现知识、技术等创新要素价值的收益分配机制，调动企业，特别是国有企业研究人员的创新积极性，释放广大国企和高校、事业单位科研机构的创新潜力。

### （四）加快绿色低碳技术市场化推广

强化绿色低碳领域使命导向的创新战略，激发产学研各方主动合作的内在动力，建立和完善产学研融合机制。做好科技园与孵化器建设布局，准确识别技术商业化落地的障碍，为技术落地构建政府支持、企业化运作、社会投资引入、市场推广指导、团队管理、大企业合作等引导创新技术商业化推广的一整套政策机制。设计“领跑者”项目等形式，遴选先进技术，推动技术快速成熟、应用经验快速积累和成本快速下降。大力推动成熟低碳技术的产业化应用，使其在电力、石化、冶金、建材等行业得到及时推广，并推动具有低碳特征的新兴产业群发展。

跟踪国际企业低碳发展的最新形势，积极参与制定低碳产业与产品的技术标准，超前作出企业低碳转型战略部署，推行低碳标识，规模化应用低碳技术，将企业社会低碳责任与产品质量、信誉结合起来。利用国内市场广阔、应用场景丰富的优势，有针对性地制定绿色低碳技术引进的优惠政策，吸引国外企业和高校的绿色低碳技术进入我国实现产业化，通过加速示范期技术尽早实现规模化利用，为绿色低碳领域技术创新和产业发展创造有利条件。

**附表5-1　全球典型的低碳技术创新计划、平台和政策工具**

| 国家/地区 | 名称 | 类别 | 时间和低碳领域资金 | 主要内容 |
|---|---|---|---|---|
| 欧盟 | 欧洲地平线（Horizon Europe） | 科技创新计划 | 2021—2027年，150亿欧元（现价） | 满足欧盟和成员国的政策研究需求，促进建立一个以知识为基础的社会；支撑欧盟促进联合国可持续发展目标的实现，应对气候变化，并提高欧盟的竞争力和实现可持续增长；促进国际合作和创造就业机会 |
| | 地平线2020（Horizon 2020） | | 2014—2020年，超过50亿欧元 | |
| | 创新基金（Innovation Fund） | | 2020—2030年，约100亿欧元（根据欧盟碳市场收益确定） | |
| | 框架5/6/7计划（Framework 5/6/7） | | 1999—2002—2007—2013年 | |
| | 气候环境基础设施执行机构（CINEA），原创新和网络执行机构（INEA） | 定向科技支持管理平台 | 成立于2014年，前身为跨欧洲运输网络执行机构 | 通过高质量的项目管理支持利益相关者共同实现欧洲绿色新政目标，帮助实施有助于脱碳和可持续增长的项目，促进不同方案之间有效的知识共享和协同，帮助建立强有力的伙伴关系 |
| | 欧洲创新技术研究院（EIT）Climate-KIC项目 | 定向科技创新 | 成立于2010年，由欧盟通过EIT的拨款和其他来源资助，累计约40亿欧元 | 已在全球39个国家设立办公室，资助了超过5.4万人的教育活动和1800多个初创企业，拉动了超过15亿欧元的投资，带动了超过1万人的新增就业 |
| | 联合研究中心（JRC） | 联合研究平台（智库网络） | 具有超过50年的历史，由欧盟支持，未来两年将在应对气候变化成本、气候教育联盟、基础设施升级、可持续化学战略等领域开展研究 | 创造、管理和解析知识以支撑欧盟政策的制定，为政策制定者建设和维护具有创新性的工具，进行前瞻性的政策研究，实现与欧盟各国、学术界和国际合作伙伴的知识共享 |
| | 欧洲能源研究联盟（EERA） | | 成立于2008年 | 这是欧洲公共研究机构和大学的联盟，是欧盟战略能源技术计划（SET-Plan）的关键参与者，旨在通过促进欧洲能源技术研究，推动在2050年前实现欧洲的碳中和 |

续表

| 国家/地区 | 名称 | 类别 | 时间和低碳领域资金 | 主要内容 |
|---|---|---|---|---|
| 美国 | 先进研究项目—能源（APRA-E） | 科技创新计划 | 2009年至今，29.3亿美元 | 通过支持潜在突破性能源技术的初期研究支撑低碳能源技术的发展，特别是通过跨学科的方法和跨部门合作的方式 |
| | 能源攻关计划（Energy Earthshots Initiative） | | 2021年至今，每年支持6～8个主题，目前已公布氢能、长周期储能和负碳技术3个主题 | 为实现气候和经济竞争力目标，整合能源部科学和应用能源部门以及APRA-E等项目，通过科技创新解决未来发展中的技术和成本障碍来快速推进解决方案的形成 |
| | 贷款项目办公室（Loan Programs Office）项目 | | 2006年至今，为超过30个项目提供了超过350亿美元的贷款或贷款担保 | 为没有商业业绩或运营历史的创新技术提供首个（或前几个）商业规模化项目的贷款，在新技术规模化初期提供融资支持 |
| | 17家国家实验室 | 国家科研机构 | “二战”期间成立，经费来源于能源部的专项经费和其他项目来源 | 分为科学实验室、能源技术实验室、安全保障实验室、环境实验室四类，研究方向从材料、高性能计算等基础学科到核能或可再生能源技术应用和环境修复 |
| 日本 | 新能源产业技术开发机构（NEDO） | 定向科技支持管理平台 | 成立于1980年，2021财年的预算为14.4亿美元 | 促进公共和民营部门对非化石能源、天然气等方面先进技术的研发和利用，根据国内外经济社会环境的变化和发展，为稳定高效的能源供给提供保障 |
| | 先进低碳技术研发项目（Advanced Low Carbon Technology Research and Development Program, ALCA） | 科技创新计划 | 2010年启动，由日本科技署负责 | 以突破依赖现有化石能源的社会、建立低碳社会为目标，着眼于可实现根本性转变（game changing）的技术，加速具有产业化应用前景的研发阶段的技术成熟，并鼓励跨学科领域的科研。通过不同研发阶段的“门槛评估”，同步提升资助资金和项目要求 |

续表

| 国家/地区 | 名称 | 类别 | 时间和低碳领域资金 | 主要内容 |
|---|---|---|---|---|
| 日本 | 低碳技术研发示范项目（Low Carbon Technology Research, Development and Demonstration Program） | 科技创新计划 | 2019年启动，由日本环境省负责，2020财年的预算总额为37.6亿日元 | 基于巴黎协定NDC目标和日本的LTS文本，创造日本第五个基本环境计划中所述的“循环和生态经济”，促进高效减少二氧化碳排放技术的研究、开发和示范（RD&D），并促进采取更有力的措施应对气候变化。项目分为两类，分别是开放的创新优先主题和定向研发主题 |
| 英国 | 能源技术研究所（Energy Technology Institute, ETI） | 定向科技支持管理平台和国家智库 | 2008年成立，由英国政府和六家全球能源企业联合支持的政府和社会资本合作机构，采取50：50的融资模式，预算约6000万英镑/年 | 在英国2050年碳减排目标下，充当学术界、工业界和政府之间的桥梁，激励新的战略重点，加速低碳技术的成熟，从初期科研阶段提升至示范阶段，对热力、电力、交通和相关领域的基础设施的技术发展提供有针对性的投资 |
| | 先进研发署（Advanced Research & Invention Agency, ARIA） | 科技创新计划 | 2020年成立，初始资金为8亿英镑 | ARIA主要目标是支持具有产生变革性技术变革或科学领域范式转变潜力的项目，参考了美国的DAPRA模式，对科研目标失败的容忍度高，且项目管理方对项目和研究方向的选择具有较高的自主权，资金分配的方式将由来自公共和民营领域的少数高素质专家决定 |
| | 能源企业家基金（Energy Entrepreneurs Fund） | 创新企业基金 | 2012—2020年，为130多个企业提供了共计0.75亿英镑的投资 | 通过资本赠款，支持能源效率、发电、热能和能源储存领域创新技术和工艺的开发和示范，从公共和民营部门寻求这些领域的最佳想法，帮助中小型企业，尤其是初创企业，并提供额外的孵化支持资金 |

资料来源：课题组根据公开资料整理。

第六章

# 推动能耗双控逐步转向碳排放双控

统筹好发展与减排的关系，在实现第二个百年奋斗目标、建设社会主义现代化强国的进程中，如期实现“双碳”目标，需要以经济社会发展全面绿色转型为引领，政府和市场两手发力，形成有效激励约束机制。党的二十大报告明确提出，完善能耗消费总量和强度调控，逐步转向碳排放总量和强度双控制度。这表明我国将逐步建立以碳排放控制为重点的碳达峰碳中和目标考核政策体系。

## 一、充分理解能耗双控转向碳排放双控的意义

### （一）能耗双控考核体系实施成效及存在的问题

#### 1. 能源消耗总量和强度双控考核体系由能源强度“单控”考核体系发展而来，在促进节能降碳和提高发展质量效益方面发挥了重要作用

为应对经济社会发展中日益凸显的能源资源约束和生态环境问题，“十一五”和“十二五”时期，我国把单位 GDP 能耗强度下降目标作为国民经济社会发展规划中的约束性指标，将节能降耗作为转方式、调结构的重要抓手和突破口，推动节能工作取得显著成效。与此同时，随着城镇化进程的快速推进和人民生活水平的提高，我国能源消费总量持续

增长，进一步加剧了能源安全保障压力和资源环境约束。面对新形势新挑战，“十三五”时期提出在控制能耗强度的基础上，坚决控制能源消费总量，实施能耗总量和强度双控。随后，国家发展改革委在《关于印发“十三五”省级人民政府能源消耗总量和强度双控考核体系实施方案的通知》（发改环资〔2017〕762 号）中，将全国能耗双控目标分解到了各地区，对能耗双控工作进行了全面部署。

能耗双控制度的建立，体现了推动绿色低碳发展的鲜明导向，扭转了以往“敞开口子”消耗能源的状况，降低了经济增长对能源消费的过度依赖。我国以较低的能源增长支持了较快的经济增长，“十一五”至“十三五”3 个时期国内生产总值年均增长率分别为 11.3%、7.9% 和 5.7%，同期能源消费年均增长率分别为 6.7%、3.8% 和 2.8%；能源消费弹性系数也由“十五”时期的 1.25 下降到“十三五”时期的 0.49。相比 2005 年，2020 年我国单位国内生产总值能源消耗下降了 42.4%，与维持能源消耗强度不变的情景相比，实现能源节约量达 36.6 亿吨标准煤，相应减少二氧化碳排放 70.8 亿吨。实践表明，实行能耗双控从根本上扭转了我国工业化、城镇化加快发展阶段能源消费总量过快增长的势头，有效降低了经济增长对能源消耗增长的过度依赖，对全面提升能源利用效率，有效倒逼产业结构和能源结构调整，加快经济社会全面绿色转型，切实推动生态文明建设和高质量发展发挥了重要作用，是我国推进碳达峰碳中和战略落地的重要抓手。

**2. 进入新发展阶段后，现行能耗双控考核体系仍面临一些突出问题和挑战**

在绿色低碳发展战略导向下，能耗双控政策存在对化石能源和非化石能源等不同品种能源区分不够、对地方目标考核要求缺乏弹性等问题。相应地，对非化石能源加快发展形成制约、在部分地方加剧了能源消费控制与经济社会发展之间的矛盾。一些可再生能源资源富集区，开发利用可再生能源依然受到能耗总量目标的约束；有的地方为完成能耗双控目标，甚至出现一些企业被拉闸限电、一些项目不能按时投产等现象，对当地经济社会发展带来冲击。有关部门及时对能源双控制度进行了调整完善，增加了能源消费总量控制目标考核的灵活性，但一些深层次矛盾在现有政策体系中难以得到彻底解决。

（1）考核方式弹性仍显不足。当前经济发展面临的不确定因素显著增多，能源需求难以精准预测，而能耗双控目标较为严格，在目标分解、考核等方面灵活性不足，使得相关各方行为短期化，地方政府往往采取应急性管控措施，如行政性停（限）产和严控产能等，对经济活动造成较大冲击，一些重大项目甚至是国家布局的重大项目、国家鼓励的战略性新兴产业投产和审批也受到影响。在国家碳达峰碳中和战略下，如何统筹经济社会发展和能耗双控目标要求、经济转型与能源安全等，已成为各地共同面临的问题。

（2）考核规则精准性待改进。原有的能耗总量控制政策并未区分化石能源和非化石能源，在限制化石能源使用的同时也一定程度抑制了可再生能源的发展。部分化石能源作为原料可将部分碳固定在终端产品内，从而降低碳排放量，但这部分化石能源消费在能源消费考核核算中并未扣除。此外，煤制油气与煤电同属能源加工转化过程，前者能耗计算在产品产地，后者能耗计算在产品消费地，反映出政策的不一致。

（3）考核机制与市场机制衔接不畅。目前我国节能减碳工作仍以政府考核为主，市场机制发育迟缓。与之相关的用能权交易、碳排放权交易市场总体发展缓慢，交易量不大，覆盖范围有限，缺乏与市场机制有效衔接并能够促进市场在节能减碳领域发挥更大作用的长期性制度安排。

（4）统计核算等基础支撑相对薄弱。尽管我国建立了节能减排统计监测体系，能源相关统计工作在不断发展和完善，但能源统计指标不健全、统计调查面覆盖不全、数据较为分散、基础和基层特别是企业统计工作薄弱等问题仍然存在。此外，节能减排和应对气候变化两套考核组织体系，两者工作存在交叉重复之处，与国际通行的碳减排主流语境不能很好接轨。

### （二）能耗双控转向碳排放双控是大势所趋

#### 1. 从目的看，控“碳”比控“能”更全面，兼顾了节约与减碳

在国际应对气候变化要求持续加强的大背景下，我国从“十一五”时期开始控制能源消费。控“能”既是为了提高能效，也可助力降碳。控“碳”方式多样，既可以通过节能、发展非化石能源降低碳排放，还可以通过捕集、封存、吸收等方式增加碳“汇”能力。控“碳”更适合作为一个当前总的抓手来推动经济社会发展全方位深层次系统性变革。与此同时，我国是世界上最大的发展中国家，发展任务仍然艰巨繁重。为实现第二个百年奋斗目标，我国能源消费总量在未来一段时间仍将保持增长态势。控“碳”而不是简单控“能”，可以在满足合理能源需求的同时，通过节能和提高能效、调整能源结构、发展碳捕集封存和碳汇等多种方式灵活实现碳达峰碳中和目标，有利于为高质量发展提供必要的能源支撑。同时，控“碳”还会给非化石能源发展提供更广阔空间，将加速能源结构优化调整和新兴产业发展壮大，助力经济社会发展全面绿色低碳转型。当前，我国非化石能源已进入大规模商业化发展阶段，产业规模和技术水平也领跑全球，能源绿色低碳转型具备了较好基础，可以通过实施碳排放总量控制以更好统筹兼顾经济增长和绿色低碳转型两大目标的实现。

### 2. 实施碳管控是国际惯例，有助于我国与国际接轨

当前积极应对全球气候变化、有效控制温室气体排放，已成为国际社会共识。总量控制制度作为控制碳排放的一项重要措施，是一些国家应对气候变化立法中的重要内容。主要发达国家早就开始实施碳排放总量控制，先后提出 2020 年、2030 年甚至 2050 年的碳排放绝对量下降目标，还采取了目标分解、市场交易等措施，推动减碳目标实现。我国提出力争于 2030 年前实现碳达峰、2060 年前实现碳中和的目标，意味着未来必须要对全国碳排放总量进行管控。考虑到我国当前所处发展阶段和碳排放发展趋势的实际，以碳强度下降为管控目标仍是符合国情的做法，未来随着碳达峰时点的临近，需与国际接轨并逐步强化碳排放总量管控。此外，建立碳排放总量控制制度，可以体现碳排放空间的稀缺性，为我国碳市场健康发展提供前提条件。综上，建立碳排放总量控制制度将成为我国推动国内绿色低碳转型支撑“双碳”目标实现，积极参与绿色低碳产业国际竞争的必然要求。

### 3. 国内碳强度下降目标考核体系的建立实施，为建立“碳双控”政策体系打下基础

2011 年，《国务院关于印发“十二五”控制温室气体排放工作方案的通知》（国发〔2011〕41 号），明确“十二五”各地区单位 GDP 二氧化碳排放下降指标。2014 年，国家发展改革委印发《单位国内生产总值二氧化碳排放降低目标责任考核评估办法》（发改气候〔2014〕1828 号）将单位 GDP 二氧化碳排放降低目标首次正式纳入各地区（行业）经济社会发展综合评价体系和干部政绩考核体系。

自“十二五”碳强度考核制度实施以来，我国碳减排工作取得了显著成效，对加快转变经济发展方式、促进经济社会高质量发展发挥了积极作用。

碳排放年均增速由“十二五”的 3.3% 逐步下降为“十三五”的 1.7%，

基本扭转了二氧化碳排放总量过快增长的局面。2020 年我国单位 GDP 二氧化碳排放比 2015 年下降18.8%，超额完成了“十三五”下降18% 的约束性目标。但我国碳排放仍呈持续增长趋势，实现 2030 年前碳排放达峰目标形势日益紧迫，实施碳排放强度控制的局限性开始凸显。一些地方的碳强度下降目标尽管完成了，但碳排放总量增长仍旧很快。此外，我国正在运行的碳交易市场在碳强度下降目标下面临配额总量的软约束，不利于稳定市场预期、发挥市场配置资源作用，与我国碳达峰碳中和目标的衔接也不明确。

为支撑推动实现 2030 年前碳达峰目标，构建碳排放总量控制相应制度政策体系就变得更加迫切。实施碳排放总量控制，有利于体现碳排放权的稀缺性，使碳交易市场更好运行，最终以更低的成本、更灵活的安排实现碳减排目标。转向碳排放总量控制，还有利于整合现有节能减排和应对气候变化工作，确保政策统一、数据一致。我国初步具备实施碳双控的基础条件，但相应的支撑保障仍需进一步完善。例如，目前我国碳总量控制试点工作仅在部分碳市场试点省份开展，未来如何设计一套科学、合理、有效、具有可操作性的全国通用的碳排放总量控制制度，仍需深入讨论与研究；尽管我国温室气体排放统计核算制度日益完善，区域温室气体清单编制工作也已实现常态化，但碳排放基础数据相较能源数据仍然薄弱，碳排放因子研究不够，相关标准尚未统一、尚不完善等。

## 二、健全配套制度，为有效实施碳排放双控创造条件

当前我国发展面临的国内外不稳定性不确定性因素更为突出，实施碳排放控制的各项配套制度有待完善，从能耗双控转向碳排放双控需要系统谋划、稳步推进。

### （一）加强考核工作组织领导与统筹协调

加强党对双碳相关考核工作的领导，可由中央对各地方统一实施相应目标任务进展考核。择机整合节能减排和应对气候变化工作等相关职能，明确制定节能减排和应对气候变化政策、规划等主责部门。

### （二）分阶段调整完善考核内容

持续夯实碳排放数据基础，稳步推动考核内容由能耗双控向碳排放双控过渡。“十四五”时期，重点控制化石能源消费，考虑在一些经济发达的代表性地区（如北京、上海等）和非化石能源资源富集的地区开展碳排放总量控制试点，探索建立基于碳排放总量目标的分解与考核制度体系。“十五五”时期逐步在全国范围内实施碳排放总量控制，将碳排放总量控制目标纳入中长期规划的约束性指标，并结合地区差异和行业特点进行分解和考核。鉴于能源效率指标在全球范围仍是一个关键指标，可将能源消费强度指标纳入“双碳”考核内容。未来随着温室气体统计核算等基础工作的不断夯实，可逐步扩大覆盖温室气体排放种类和范围。

### （三）优化考核方式、程序与规则

制定出台碳排放双控考核体系和管理办法，在能耗双控转向碳排放双控的过渡期，在核算、分解、落实等环节做好节能与减碳考核工作的协调衔接，并做好以下工作：将化石能源作为原料而非燃料的消费量在能耗指标中扣除；参考煤电能耗计算规则，将煤制油气的能耗由生产地调整到消费地；电力等纳入全国碳交易市场的直接排放部分不计入地方；逐步算好“碳汇账”，摸清森林等绿色植被的碳吸收规模；支持碳捕集、利用与封存技术发展等。对不同地区采取有差异的控制措施，增强碳排放双控考核制度灵活性：对能源强度和碳排放强度下降幅度显著超过国家规划目标的地区，不再考核其能源消费总量，助力这些地区经济加快转型和高质量发展；对能源消费增量以非化石能源为主的地区，只对其化石能源消费总量予以控制，鼓励非化石能源的生产和利用；对其他地区，严控化石能源消费总量，遏制“两高”项目盲目扩张，倒逼经济发展转型。

### （四）建立健全考核配套法规及政策

制定出台“应对气候变化法”，明晰碳达峰碳中和目标、降碳责任及管理体制。研究制定配套法规，包括“温室气体排放统计核算方法与报告指南”“温室气体排放总量控制办法”“碳排放交易管理暂行条例”等。修订《中华人民共和国节约能源法》《中华人民共和国煤炭法》《中华人民共和国大气污染防治法》等法律，形成更加完备的法律法规体系。发挥市场机制作用，允许企业通过参与全国碳市场购买配额或核证减排量填补能耗指标缺口。制定产能、能耗和碳排放同步转移交易的机制。针对利益受损企业出台补偿性财税和金融政策等。

### （五）夯实考核工作基础数据和方法支撑

通过开展碳排放总量控制试点，尽快建立统一规范、责任明确、数据完备的碳排放统计核算体系。完善重点行业、企业的碳排放核算方法。加快建立碳排放监测体系，鼓励通过大数据、人工智能等现代信息技术手段，做好碳排放数据的监测监控监管。

第七章

# 建立和完善碳市场与绿色金融

实现“双碳”目标需要注重发挥市场机制作用，以有效的碳定价为核心，积极引导资金流入绿色低碳领域。金融体系在绿色低碳转型中优化资源配置和管理经济风险上发挥重要作用，但当前对绿色低碳转型的支持仍有不足。碳排放权交易市场的定价机制不完善，低碳转型的资源配置功能还未能充分发挥；支持绿色金融发展的政策体系还不健全；金融体系保障低碳转型的融资需求能力不足；气候变化相关金融风险的防范还存在薄弱环节。为此，需强化市场机制在碳排放权配置中的决定性作用，增强全国碳市场金融属性；统一绿色金融分类标准，完善绿色融资效益评估机制，增加对高碳行业低碳转型的金融支持；强化金融机构气候变化风险评估，加强对低碳转型进程中脆弱性地区的风险防控。

## 一、金融体系积极支持绿色低碳转型

金融体系对绿色低碳转型的支持主要包括三个环节（见图 7–1）。首先是通过碳排放权交易市场发现价格，引导经济社会在碳排放约束下，优化资源配置；其次是为绿色低碳转型提供有效的融资支持；最后是防范绿色低碳转型中的经济金融风险。在此过程中，碳减排政策和金融政策体系是重要的制度基础。

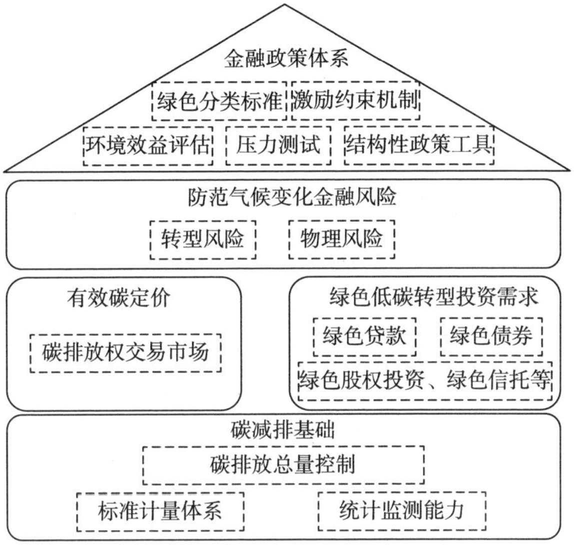


**图7-1 金融支持绿色低碳转型主要环节**

注：碳排放总量控制、标准计量体系、统计监测能力等是引导碳减排的基础条件。
资料来源：作者制作。

## （一）实现有效碳定价需要金融机构充分参与，强化价格发现和风险防范

碳定价将碳排放社会成本转化为使用者私人成本。通过价格信号及其激励约束机制，推动企业开展碳减排技术创新，引导市场资源流向低碳领域。碳排放权交易市场（简称“碳市场”）通过引入动态调整的总量设定与配额分配，促使排放机构开展碳配额交易以实现价格发现。与停产、限产等管制类措施相比，碳市场可降低全社会总体减排成本和政策不确定性。截至 2020 年，全球已建立超过 20 个碳市场，覆盖地区 GDP 相当于全球的四成[①]。碳配额是高度标准化的交易标的，碳市场基于价格信号实现跨周期投资和风险管理，金融属性强。欧盟、韩国等全球主要碳市场都积极推动金融机构参与市场交易，承担交易对手方、做市商等职能，提升碳市场交易

① World Bank. State and Trends of Carbon Pricing 2021. 2021.

活跃度和流动性，强化价格发现功能，并通过严格金融监管来防范风险。

### （二）引导长期、低成本资金，满足绿色低碳转型投资需求

#### 1. 绿色低碳投资需求大

转型进程中，绿色低碳技术、绿色生产和绿色消费等领域的投资需求大幅上升。推动能源结构转型需要大规模增加风力、光伏等可再生能源装机容量，绿色交通、绿色建筑、节能环保等低碳行业的发展也需要更多投资。科技创新是低碳转型的重要支撑，能效提升、可再生能源、碳捕集与封存等低碳技术创新领域需要大量研发投入。根据IMF估计，未来十年全球需要6万亿~10万亿美元的投资以促进低碳转型，相当于每年全球GDP的6%~10%。上述投资风险高、回收期长，对长期、低成本资金需求大，仅靠公共支出难以满足。金融机构可以通过绿色贷款、绿色债券、绿色股权投资、绿色信托等创新的金融工具有力支撑低碳融资需求。

#### 2. 高碳行业低碳转型过程需要金融支持

钢铁、水泥、化工等高碳行业需要通过设备更新、技术改造等措施向低碳和零碳过渡，也有较大的转型投资需求。根据气候倡议组织（Climate Bond）的估计，为实现《巴黎协定》的目标，仅能源转型就需要投资1.6万亿~3.8万亿美元。转型金融在国际上已经得到广泛关注。欧盟制定的《可持续金融分类方案》对转型经济活动做了专门分类，支持从棕色向绿色转型的项目。加拿大标准制定委员会开发转型金融分类法，该分类法将作为加拿大转型金融国家标准的一部分。

### （三）管理和应对气候变化相关金融风险，维护金融稳定

气候变化相关金融风险被认为是系统性金融风险之一，主要包括物理风险和转型风险两类。前者指极端天气等气候问题导致宏观经济

和金融体系巨额损失，后者是高碳资产价值重估和财务损失风险。特别是随着碳排放监管趋紧、碳排放成本上升，化石燃料、部分基础设施等高碳资产的折旧速度大幅加快，资产价值快速下降，可能形成大量搁浅资产。未来化石能源将被可再生能源大幅替代，根据国际能源署测算，2050 年能源领域可能产生 10 万亿 ~ 20 万亿美元的搁浅资产。转型风险不仅会加大高碳企业运营压力，降低其偿债能力，导致违约风险和信用风险上升，还会引发高碳资产价值重估和市场预期调整，加大金融机构资产减值压力，冲击金融稳定。我国高碳资产存量规模大，实现碳达峰碳中和速度快，转型风险更大，更需要强化金融风险防范。

## 二、碳市场与绿色金融政策体系初步形成

经过地方碳市场试点，全国碳市场 2021 年 7 月正式启动。金融机构不断加大对绿色低碳领域的支持力度，我国绿色金融市场初具规模，绿色贷款余额全球第一、绿色债券存量规模全球第二。我国绿色金融顶层设计较早推出，绿色金融分类标准、激励约束机制等制度配套加快完善。总体来看，我国已初步形成支持绿色金融发展的政策体系和市场环境。

### （一）全国碳市场与地方碳市场并轨运行，碳市场建设稳步推进

#### 1. 地方碳市场先行试点，市场参与主体多元，积极创新碳交易相关金融产品

我国碳市场建设从地方试点起步，北京、天津、上海、广东等省市在 2011 年后陆续开展碳排放权交易试点工作。截至 2021 年 6 月，地方碳市场共覆盖钢铁、电力、水泥等 20 多个行业的近 3000 家企业，

累计碳配额成交量4.8亿吨，成交额约114亿元，历史成交平均碳价约24元/吨。地方碳市场各自确定碳配额总量和分配方案，市场互不联通，碳配额无法跨市场交易，市场运行情况差异较大。广东、湖北、深圳三地成交量较大，占地方碳市场总成交量的8成，其中广东占比接近一半；北京碳配额供需关系偏紧，碳价在60元/吨上下波动，其他地方碳市场价格多在20～30元/吨上下波动，重庆平均碳价不到10元/吨（见图7-2）。

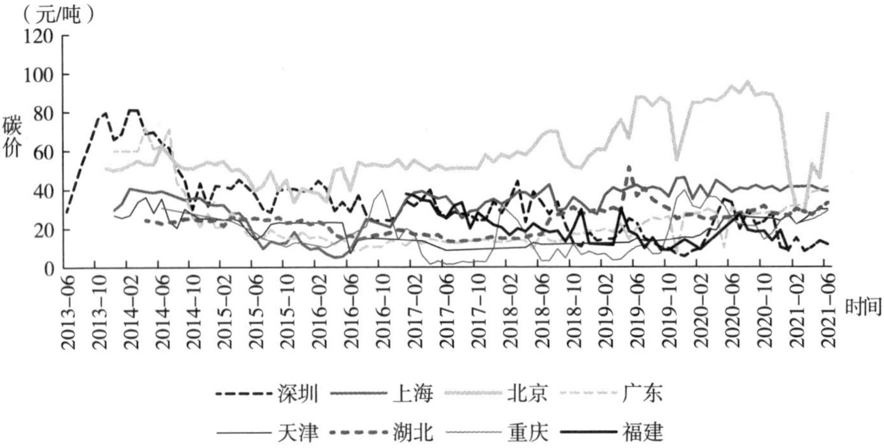

**图7-2　地方碳市场月度成交均价**

数据来源：Wind数据库。

地方碳市场积极开展碳排放权相关金融产品创新。广东、上海等地方碳市场允许金融机构和碳资产管理公司等机构参与市场交易，推出碳配额抵押融资、碳回购、碳远期等金融产品，产品种类较多，但总体规模偏小。以成交量最大的广东碳市场为例，碳远期、碳质押等金融产品规模约4亿元，相当于该市场总成交额的一成。

**2. 全国碳市场启动，先行纳入发电行业，但交易稳定性和活跃度低**

2021年7月全国碳市场启动，先行纳入发电行业2000多家企业，覆盖碳排放量超过40亿吨，条件成熟后逐步纳入其他高碳排放行业，覆盖排放量规模全球最大。全国碳市场目前交易主体仅允许控排企业交易，机构参与者尚不能进入。全国碳市场与地方碳市场同时运营，被纳入全国碳市场的企业不再参与地方碳市场交易。

全国碳市场交易活跃度低。自 2021 年 7 月 16 日启动至 12 月 13 日，总成交量 8493 万吨，交易额 35 亿元，日均换手率（交易量除以配额总量）2‰，远低于股票市场 3% 左右的换手率。交易高度集中于个别日期，四成（八成）交易量发生在 5（15）个交易日内。碳价“先降后平”，从启动日的 51.2 元 / 吨逐步降至 43 元 / 吨（降幅 16%）。根据 IMF 估计，为实现温控目标，2030 年全球碳价需提升至每吨 75 美元以上，我国碳价仍有上升空间。价格波动率持续走低，七成交易日的价格波动幅度在 2% 以内，9 月后近 70 个交易日基本维持在 43 元 / 吨（见图 7–3）。

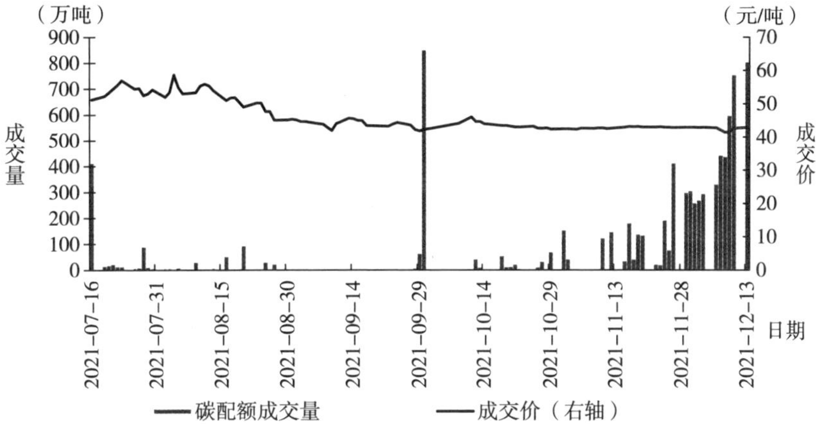


**图7-3　全国碳市场碳配额交易情况**

数据来源：Wind数据库。

## （二）绿色金融产品初具规模，绿色贷款、绿色债券发展较快

绿色信贷、绿色债券、绿色股权投资等金融产品种类不断丰富，绿色金融产品规模快速上升。其中，我国绿色贷款余额多年位居全球第一，绿色债券存量规模居全球第二。

### 1. 绿色贷款在绿色金融产品中占据主导地位，资产质量较高

我国绿色贷款是支持绿色低碳发展的重要资金来源，约占绿色金融产品存量规模的九成。截至 2020 年末，我国绿色贷款余额 11.95 万亿元，占人民币各项贷款余额的 7%。绿色贷款总体保持较快增长，2013—2020 年复合增速 12.6%，较金融机构贷款增速低 0.7 个百分点（见图 7–4）。分用途看，投向绿色交通，电力、热力、燃气和水，以及可再生能源等清洁能源的比重分别为 44%、30% 和 24%。绿色贷款资产质量高，不良率 0.33%，比全国商业银行平均不良率低 1.6 个百分点。

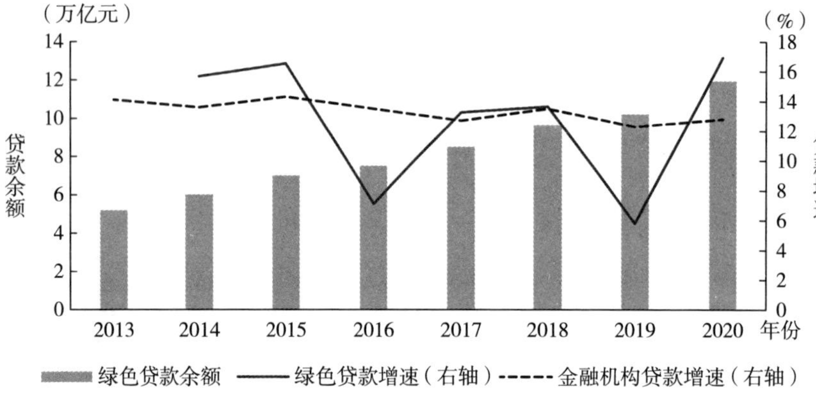


**图7-4　绿色信贷规模**

数据来源：Wind数据库。

### 2. 绿色债券快速发展，发行人以国有企业和银行类金融机构为主，评级较高

2015 年底，中国人民银行和国家发展改革委发布绿色债券发行指引等政策文件后，绿色债券市场快速发展。截至 2020 年底，绿色债券累计发行约 1.2 万亿元，位居全球第二，仅次于美国。疫情后，我国绿色债券发行提速，2021 年上半年境内市场发行总额约 2000 亿元，超过 2020 年全年水平。其中，2021 年新推出专门用于支持碳减排的“碳中和债”共发行

约 1400 亿元，占绿色债券总体发行规模 45%。清洁能源和交通行业是绿色债券支持的主要领域，合计占比约 50%。发行期限以中短期品种为主，2016—2020 年发行的债券中，1 ~ 3 年、4 ~ 6 年、7 ~ 10 年分别占比 52%、30% 和 14%，10 年期以上比重不到 3%。绿色债券发行人从银行类金融机构主导转向实体部门主导。2016—2018 年商业银行主导绿色债券发行，发行规模占比约 60% ~ 80%，2019 年后企业发行规模反超金融机构。绿色债券发行人以国有企业和银行类金融机构为主，信用等级较高，2A 级及以下评级规模占比不到一成。2020 年下半年债券市场信用违约事件增多，绿色债券向高等级集中趋势更加明显。

**3. 绿色股权投资规模小，尚处于起步阶段**

由于缺少绿色股权投资的统一定义和专门统计，一般用更宽泛的环境、社会和治理（ESG）投资，以及绿色产业基金加以衡量。截至 2020 年底，ESG 公募基金规模约 1200 亿元，相当于所有股票型和混合型基金的 2%，而欧洲这一比例达 15%。绿色产业基金约 980 亿元，以政府引导基金为主，社会资本参与度有限。2020 年 8 月，国家绿色发展基金成立，首期规模达 885 亿元，大幅扩大绿色产业基金规模。

### （三）支持绿色金融发展政策体系正在加快完善

2015 年 9 月，中共中央、国务院发布《生态文明体制改革总体方案》，首次明确建立绿色金融体系的顶层设计。经过多年努力，我国在完善绿色金融分类标准、健全激励约束机制、强化信息报告和披露等方面持续推进，支持绿色金融发展的政策体系初步形成。“双碳”目标提出后，政策体系加快完善。

**1. 绿色金融分类标准不断完善，趋于统一**

绿色金融分类标准对符合环境目标经济活动进行系统分类和定义，能够识别绿色经济活动并界定边界，是发展绿色金融的基础。截至 2021 年底，我国主要有三类标准。

（1）绿色产业标准。2019 年 3 月，国家发展改革委等七部门出台《绿色产业指导目录（2019 年版）》（简称“产业目录”），将绿色产业划分为节能环保、清洁生产等六大类别，并细分 30 项二级分类和 211 项三级分类。产业目录首次全面界定绿色产业和绿色项目，为绿色贷款、绿色债券等其他标准制定提供参考。

（2）绿色贷款标准。主要是由中国人民银行和原银保监会制定的绿色贷款统计标准。中国人民银行制定绿色贷款专项统计制度，根据贷款用途划分为节能环保、清洁生产等 6 大类。原银保监会在 2012 年出台的绿色信贷指引基础上，2020 年制定绿色融资统计制度，统计范围包括生产建设经营、贸易和消费有关的三大类绿色信贷。两部门绿色贷款统计口径总体一致，但仍存在一定差异。

（3）绿色债券标准。我国债券市场一度存在分割，2015 年后中国人民银行和国家发展改革委分别制定了绿色债券标准，二者标准不统一，加大了市场主体工作开展难度。2021 年 4 月，中国人民银行、国家发展改革委和证监会联合发布《绿色债券支持项目目录（2021 年版）》（简称“绿债目录”），实现绿色债券标准的统一。绿债目录与产业目录判定标准基本统一，便利绿色债券业务开展。绿债目录注重对接国际标准，删除争议较大的煤炭、燃油等化石能源相关类别，增加“无重大损害”原则考量，剔除中小型水力发电项目，只列入对生态环境无重大影响的重点大型水电项目。

**2. 激励约束机制逐步建立，创新政策工具支持低碳转型融资**

（1）银行业金融机构绿色金融考核机制逐步建立。2018 年后，中国人民银行按季度对 24 家主要银行开展绿色信贷业绩评价，考核绿色贷款余额占比、增量占比和不良率等指标，考核结果纳入宏观审慎考核（MPA）。2021 年 7 月，中国人民银行进一步对主要银行的绿色金融业务进行综合评价，包括绿色贷款、绿色债券、绿色股权投资等，评价结果纳入中国人民银行金融机构评级。该评级不仅会影响 MPA 得分，还是核定存款保险风险差别费率的重要依据，会直接影响银行利润。

（2）创新政策工具支持低碳转型融资。一是绿色贷款、绿色债券等绿色金融资产被纳入中期借贷便利（MLF）、抵押补充贷款（PSL）等货币政策工具的合格担保品范围。二是创新结构性货币政策工具支持低碳转型。2021 年 11 月，中国人民银行创设碳减排支持工具，采用“先贷后借”的模式，对清洁能源、节能环保和碳减排技术等重点领域发放的贷款，按本金的 60% 提供资金支持，利率（1.75%）较 1 年期 MLF 低 120 个基点。由于我国能源结构以煤炭为主，中国人民银行新设 2000 亿元支持煤炭清洁高效利用专项再贷款，提高金融机构支持煤炭清洁高效加工和使用等领域的意愿和能力。2022 年又新增了 1000 亿元额度。三是 2021 年制定的《环境权益融资工具》标准，为金融机构开展环境权益融资活动提供指引。碳排放权适用该标准，这为碳排放权抵质押、林业碳汇抵质押和碳资产证券化等金融工具创造政策基础。

**3. 强化环境信息报告和披露，金融机构环境信息披露以鼓励性为主**

一是强化绿色债券信息披露。银行间绿色金融债按季度披露募集资金使用情况，绿色债券需要披露资金使用、项目进展和环境效益等内容。二是初步建立金融机构环境信息披露标准。2017 年后，15 家金融机构参与环境信息披露试点。2021 年 7 月发布的《金融机构环境信息披露指南》覆盖商业银行、资管机构、信托公司和保险公司四类机构，鼓励开展环境信息披露工作并提供披露格式、内容等指引。未来信息披露制度或将从鼓励性转为强制性。三是地区试点取得突破。2021 年 3 月

《深圳经济特区绿色金融条例》正式生效，该条例为我国首部绿色金融法律法规，强制要求该地区大型银行和资产管理机构开展环境信息披露。2021 年 10 月，招商银行发布环境信息披露报告，公布绿色金融业务情况并开展气候风险压力测试，成为首家发布环境信息披露报告的全国性商业银行。

## 三、欧洲碳市场与绿色金融发展经验及借鉴

在绿色低碳发展中，欧洲长期处于领先者地位，金融体系支持碳减排的经验值得我国借鉴。

### （一）重视金融属性是欧盟碳市场流动性高、价格信号有效的重要原因

欧盟碳市场［欧盟排放交易体系（EU-ETS）］的交易规模全球最大，是各国碳市场建设的标杆。合理的交易机制设计、重视金融属性、引导金融机构参与，是其成功的重要原因。

欧盟碳市场自 2005 年开始交易，覆盖 30 个国家（包括 27 个欧盟成员国，以及冰岛、挪威和列支敦士登），并与瑞士碳市场相连接，纳入电力、制造和航空等 1.1 万余家企业，涵盖欧盟约 40% 的温室气体排放。2019 年碳配额交易量 67.8 亿吨、交易额 1690 亿欧元，分别占全球碳市场的 78% 和 87%。其中，碳配额成交量是配额总量的 3.59 倍。新冠疫情后，欧盟加快绿色转型，碳配额进一步收紧，交易规模和碳价进一步上升。2020 年欧盟碳配额交易规模达 81 亿吨，同比增长 20%，相当于全球碳市场交易量的九成。2021 年 12 月 16 日，欧盟碳排放配额期货结算价格达每吨 84.9 欧元，是 2020 年的 2.6 倍（见图 7-5）。

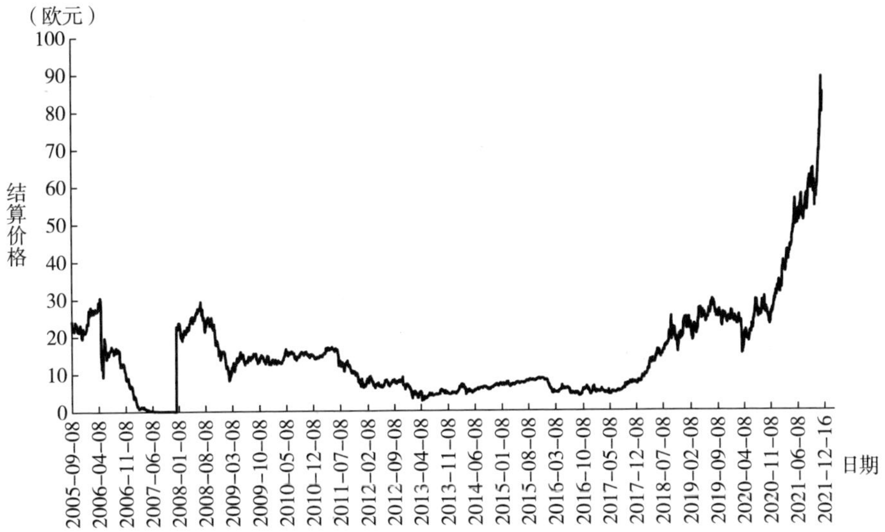


**图7-5　欧盟碳排放配额期货结算价格**

数据来源：Wind数据库。

### 1. 明确碳排放权适用金融产品监管规则，强化金融监管

欧盟碳排放市场建设主要由欧盟委员会负责，欧洲金融监管部门在碳市场运行中发挥了重要作用。欧盟从产品监管和市场监管两个维度明确碳排放权的金融属性。一是碳排放配额的现货和衍生品都被正式纳入金融市场工具，适用于欧盟的金融监管规则《欧盟金融工具市场法规》（MiFID）。这意味着碳市场的参与者需要接受与证券和商品期货参与者相同的监管，以保护碳市场秩序。二是从组织形式上，欧盟各成员国的金融监管部门负责碳市场监管，包括碳配额拍卖市场和二级市场。在欧盟层面，欧洲证券和市场管理局（ESMA）协调监管欧盟碳市场，该机构的主要职责是监管欧洲证券市场。明确碳排放配额的金融属性后，碳市场交易得到更好的监管保障，金融机构也可依照相关监管规定，将碳资产纳入资产组合，并提供金融中介服务。

### 2. 引入金融机构参与碳市场交易，提高市场效率

除能源类和工业类控排企业外，众多商业银行、投资银行和对冲基金

等金融机构参与了欧盟碳市场交易。一方面，金融机构作为投资者参与市场交易，投资碳配额及其衍生金融产品，能够丰富市场交易主体，提高流动性。另一方面，金融机构为碳市场交易企业提供碳交易服务，提高市场效率。特别是欧盟碳市场存在大量中小企业，金融机构为其提供代理交易等中介服务，能够大幅降低交易成本。

金融机构以多种形式较为广泛地参与欧盟碳市场。欧盟排放交易体系第一阶段的所有碳配额交易中，45% 都与金融机构相关。总体来看，金融机构参与欧盟碳市场的形式主要有五类。一是作为投资者买卖碳配额及相关金融产品，特别是碳配额期货。目前已有近 230 家投资基金持有碳配额期货。欧洲碳交易所公开的 EUA 期货持仓数据显示，2021 年 5 月，控排企业占比 74%，机构投资者持仓份额达到 9% 并持续增加。除投资获利外，碳配额与其他金融资产的相关性弱，并能够对冲通胀风险，不少对冲基金投资碳配额以降低资产组合的风险。二是开发碳期货、期权、远期，以及碳资产证券化等金融产品。三是提供做市商服务，提供买卖报价，提高市场流动性。四是提供打包交易，集中买入小型企业的过剩碳配额，并向大型企业出售，从而降低交易成本。五是提供购碳代理、碳交易咨询、碳融资担保等金融中介服务，部分控排企业会将碳账户委托给金融机构管理。

**3. 丰富碳金融工具，发挥碳市场聚集金融资源功能**

与其他大宗商品相比，碳配额价格波动大、履约周期长、使用范围有限[①]，交易主体需要金融工具来支持价格发现和风险控制。除碳配额交易外，欧盟碳市场允许碳配额衍生产品交易，包括期货、远期和期权等。碳期货、碳远期和碳期权等衍生品是以碳配额为标的的金融合约，既有助于提高市场对资产交易价格的预期，为碳现货定价提供参考依据，提高价格

---

① 碳配额履约周期一般为一年，碳配额主要应用场景为满足配额审查，而原油、铁矿石等大宗商品可直接用于工业生产。

发现能力，也为交易主体控制碳价波动风险提供了对冲工具。金融机构围绕碳配额的现货和远期交易，进一步开发碳指数、碳掉期、碳互换等金融产品，有效盘活企业的碳资产。碳期货交易量占欧盟碳市场总交易量的80%以上，碳金融衍生产品显著提高了市场流动性和活跃度。

### （二）完善基础规则建设，发挥多边金融机构力量，引导资金流向低碳减排领域

#### 1. 强化顶层设计，多部门协同推进，构建可持续金融政策体系

欧盟近年来致力于构建可持续投资和发展的可持续金融政策体系，涉及环境、社会和公司治理三方面，环境是其中的重要环节，包含气候变化减缓和适应等事项。2015 年，《巴黎协定》和联合国《2030 年可持续发展议程》推动欧盟制定 2030 年气候和能源目标。实现该目标需每年额外增加 1800 亿欧元投资，欧盟随后加快建立可持续金融政策体系以支持目标实现。

欧盟采用“自上而下”的决策方式，由欧盟委员会统筹，成立高级别专家组和技术专家组协助政策制定。欧盟委员会 2018 年发布《可持续发展融资行动计划》，明确可持续金融行动计划和时间表，2019 年推出《欧洲绿色新政》，上调碳减排目标，并提出落实目标的关键政策和措施路线图。在上述纲领性文件指导下，欧盟快速推进可持续金融分类标准、信息披露等规章制度，推动市场主体将环境因素纳入投资决策。

主要金融监管机构协同推进配合政策制定和落实。欧洲银行管理局（EBA）2019 年发布《可持续金融行动计划》，将气候变化相关风险评估纳入金融监管。欧洲证券和市场管理局（ESMA）2020 年发布《可持续金融战略》，将环境因素纳入金融市场监管。欧洲保险和职业养老金管理局（EIOPA）正在制订可持续金融相关计划，将要求保险公司和养老基金在管理原则、资金投向等方面考虑可持续因素。

### 2. 统一分类标准成为可持续金融政策体系基础

统一分类标准既是金融监管政策制定和金融机构开展低碳减排相关业务的基础和重要依据，也是强化全球绿色金融合作的重要保障。2021 年 4 月，欧盟发布《欧盟可持续金融分类气候授权法案》（以下简称“分类法案”），制定满足气候变化等目标的经济活动技术标准，成为欧洲金融领域监管框架调整的重要基础。分类法案确定气候变化减缓、气候变化适应等六大环境目标[①]，基本原则是，可持续经济活动需至少对一个目标作出实质性贡献（Substantial contribution），并对其他目标无重大损害（Do not significant harm）。在此框架下，分别识别出满足各项目标的经济活动定义、目录和技术标准。目前已完成气候变化减缓和适应两个目标的分类标准，未来将制定其他四类目标的分类标准。其中，气候变化减缓的经济活动目录适用于碳减排领域。

（1）标准详细、可操作性强，提供统一参考依据。分类法案以欧洲行业标准分类系统（NACE）为框架，NACE 类似于我国的国民经济行业分类，并与联合国国际行业分类标准存在对应关系。行业覆盖范围广，共涵盖电力、制造业等七大类经济活动，上述行业碳排放总量超过欧盟所有经济活动的 90%。行业和技术标准明确，可操作性强。分类法案共识别出 67 项经济活动符合气候变化减缓目标，每项活动均明确到四级子目录。与此同时，分类法案为每项经济活动确定了明确的排放门槛或技术标准。统一标准的制定，为政策制定者、行业主体和投资者提供共同决策参考。

（2）支持从“棕色”到“绿色”的过渡，推动企业减排向行业领先水平靠拢。钢铁和水泥等产品制造是碳排放的重要来源，但国民经济不可或缺，分类法案支持这类活动的低碳转型。分类法案以行业领先水平为技术

---

① 其他四项目标包括：海洋与水资源的可持续利用和保护、循环经济、污染防治、生物多样性，以及生态系统保护与修复。

筛选标准，只有大幅超过行业平均水平的活动才符合气候变化减缓目标，这能推动企业减排向行业领先水平靠拢，避免碳密集资产的锁定效应。技术筛选标准会定期修订并趋于严格，这将促使企业持续跟跑行业最佳实践，加速低碳转型。

（3）分类法案成为政策制定重要基准，支撑绿色债券、信息披露等政策快速推进。分类法案为政策制定和金融监管部门提供了政策基准。欧盟委员会在分类法案的基础上，进一步制定欧盟绿色债券法案，推动绿色债券市场发展。以分类法案为重要依据，欧盟《可持续金融信息披露条例》（SFDR）已于 2021 年 3 月生效，对金融产品信息披露提出更严格要求。

### 3. 强化信息披露，注重核查验证，避免"漂绿"行为

欧盟通过强化信息披露和核查验证，提升金融产品透明度，提高投资者知情权和选择权，在一定程度上缓解了"漂绿"问题。一是强化信息披露。欧盟《可持续金融信息披露条例》要求金融机构披露可持续性信息，根据气候和社会影响，将投资产品分为深绿、浅绿和不可持续三类，未来还可能要求披露碳足迹。ESG 相关金融产品需解释投资行为如何实现可持续性目标，并披露与该目标一致的统计指标。二是注重核查验证。欧盟要求绿色债券募集资金分配情况和产生的环境效益由外部机构审查认证，认证报告需公开披露。为避免利益冲突和提高透明度，外部审查机构须接受欧洲证券和市场管理局（ESMA）的监督。

### 4. 善于发挥多边机构力量，强化国际合作

（1）发挥欧洲投资银行等多边投资机构在绿色投资方面的引领和示范作用。作为欧盟的主要融资机构，欧洲投资银行是全球最早开展绿色金融业务的大型多边金融机构，早在 2007 年便发行全球首只绿色债券。2020 年 11 月，欧洲投资银行发布"气候银行路线图计划"，拟以气候、生物多样性、可持续发展等为重点，在 2030 年前累计提供 1 万亿欧元绿色贷款，

支持化石燃料减排等方面投资。欧洲复兴开发银行也是绿色转型投资的重要多边金融机构，2011—2018 年每年绿色融资总额稳定在 40 亿美元左右。值得注意的是，欧洲投资银行和欧洲复兴开发银行不仅支持欧盟内部绿色转型，也为广大发展中国家的可持续发展项目提供融资。

（2）发挥政策性金融机构的作用。德国复兴信贷银行是全球气候和环境领域最大的融资者之一，也是可持续金融的重要推动者。德国复兴信贷银行是德国绿色资金的主要提供者，2020 年 1/3 资金投向气候和环境保护领域，总额接近 450 亿欧元，重点支持中小企业的气候环境项目。

（3）强化国际合作，成为绿色金融国际合作的引领者。欧盟积极实践和推进气候变化应对，成为全球可持续发展的重要引领者之一。欧洲碳交易市场运行机制、分类标准等为全球提供了经验参考，进一步强化欧盟在绿色金融国际合作上的影响力。除利用七国集团（G7）等平台外，欧盟、欧洲主要国家和欧洲重要金融机构，都广泛参与绿色金融国际合作平台，包括欧央行与监管机构绿色金融网络（NGFS）、可持续金融平台（IPSF）和气候相关财务信息披露小组（TCFD），发挥重要引领作用。

## （三）发展监测和分析工具，建立气候金融风险管理体系

### 1. 强化风险监测与评估

欧央行长期关注气候风险对金融稳定的影响，特别是对银行业的影响。2016 年后，欧央行通过欧洲系统性风险委员会（ESRB）监测气候变化引发的物理风险、转型风险对金融体系的影响，并建议欧盟各监管当局开发气候压力测试模型。

### 2. 强化气候环境风险压力测试

2019 年 12 月，欧央行公布针对银行业的气候环境风险压力测试框架，引导银行资源对信贷组合开展敏感性分析。2021 年 3 月，欧央行对 400 万

家企业和2000家银行业开展全经济气候压力测试，评估未来30年气候变化影响，这是首次全欧元区经济范围内的气候压力测试，旨在评估欧元区银行气候风险敞口。欧盟成员国也逐步强化气候压力测试，2021年，荷兰和法国央行公布首份气候风险压力测试报告。

### 3. 推动气候环境风险管理体系建设

2020年，欧央行与欧盟各成员国主管部门共同起草《气候环境风险指南》(以下简称《指南》)，这是全球金融体系应对气候环境风险的首个重要文件。《指南》对欧洲银行体系应对环境风险提出更高要求，引导商业银行将气候变化风险纳入发展战略、商业目标和风险管理框架，强化信贷业务的气候环境风险考量，制定开展气候环境风险压力测试，报告与气候环境相关风险敞口的综合风险数据，披露与气候环境风险相关的重要信息和关键指标。该《指南》是欧央行的一项政策引导工具，当前不具备强制约束力，但不排除未来修改完善后纳入金融监管范畴。

### 4. 将气候风险纳入货币政策框架

2021年7月，欧央行正式宣布启动气候风险纳入货币政策框架的方案，并计划在未来三年内完成。欧央行将制定统计指标来衡量金融机构的碳足迹，并测量其气候风险，抵押品估值和风险控制框架将考虑气候变化风险，央行资产购买会纳入气候变化标准。

## 四、我国碳市场与绿色金融发展存在的问题

与绿色低碳转型的需要相比，我国绿色金融领域的市场准入、分类标准、信息披露、激励约束、风险防控等基础性制度建设方面存在诸多不足，碳排放权市场的功能还未能充分发挥，应对气候变化的金融风险防控也存在薄弱环节。

### （一）全国碳市场金融支持不足，碳定价和优化资源配置功能不明显

#### 1. 全国碳市场交易活跃度低，削弱碳定价和优化资源配置功能，金融支持缺位是重要原因

全国碳市场第一个履约周期（2019—2020 年）碳排放配额累计成交量仅 1.79 亿吨，市场活跃度低，难以实现市场化定价和优化资源分配的功能。除控排企业高度同质化、碳配额总量充裕等原因外，金融支持缺位也是重要原因。一是金融机构和碳资产管理机构未被允许进入全国碳市场。控排企业以履约为主要目的，多在履约期前集中交易，其余时间交易意愿不强。金融机构以投资获利和分散投资组合风险为主要目的，交易意愿强。从长期看，碳配额作为稀缺资源，价格应逐步上涨，金融机构资金量充足，能长期持有碳配额，充当大宗交易对手方，可有效增加市场流动性。二是交易产品单一，未能盘活资产属性。全国碳市场目前仅有碳现货交易，未开展碳期货交易，而国际成熟碳市场的碳期货交易量远超过现货。地方碳市场经验显示，围绕碳配额开发的金融产品有助于活跃碳市场，但全国碳市场未提供碳抵质押、远期、回购等金融产品。

#### 2. 与国际领先碳市场相比，金融对我国碳市场建设支持明显不足

欧盟碳市场交易规模全球最大，2020 年成交规模相当于全球碳市场的九成。金融机构和金融监管在欧盟碳市场发挥重要作用。与之对比，我国碳市场建设的金融支持明显不足。

（1）欧盟碳市场积极引入大型金融机构，而我国未放开金融机构参与全国碳市场。洲际交易所承载欧盟碳市场九成交易份额，240 余个交易成员中，金融机构超过 200 家，60 余家为大型国际金融机构，包括花旗、高盛、德意志银行等。金融机构主要发挥投资、经纪、做市三大功能，提升交易活跃度和市场流动性，避免出现“想买买不着、想卖卖不出”的困境。

（2）欧盟碳市场以碳期货交易为主，发展多种衍生品，而我国仅允许现货交易。现货市场以履约为主要功能，期货市场以价格发现和风险对冲为主要功能。碳配额高度标准化，配额发放和履约存在一定时间差，具备一定期货属性。欧盟碳市场在启动之初便推出碳期货交易，发展碳期货、碳期权等多种衍生品。在美国的区域碳市场中，期货交易甚至早于现货出现。围绕碳配额的衍生品，既有助于提高价格发现能力，也为市场主体控制碳价波动风险提供了对冲工具。碳期货占欧盟碳市场比重超 80%，2015 年碳期货交易量一度超过现货 30 倍。

（3）欧盟将碳市场交易纳入金融监管范围，而我国尚未明确碳市场监管职能分配。防范风险是碳市场的重要挑战。欧盟早期未明确碳交易的金融属性，但随着碳市场规模扩大和流动性提高，证券市场存在的问题开始在碳市场出现，包括市场操纵、内幕交易等。2018 年欧盟出台《欧盟金融工具市场法规（第二版）》（MiFID Ⅱ），正式将碳配额现货及期货认定为金融工具。同时，欧盟《市场滥用条例》（MAR）也将碳市场纳入监管范围。这意味着欧盟金融市场现行监管规则同样适用于碳市场，证券监管部门承担碳市场运行的金融监管责任，这对维护碳市场平稳运行发挥了重要作用。

### （二）支持绿色低碳转型的投融资体系尚不完善，资金供给存缺口、投资结构需调整

#### 1. 实现“双碳”目标资金缺口大，长期限、低成本资金不足

根据国家气候战略中心测算，为实现“双碳”目标，到 2060 年我国新增气候领域投资需求规模约 139 万亿元，年均 3.5 万亿元，相当于 2020 年 GDP 的 3.4%，其他研究机构估算的投资规模也在百万亿元以上。与该融资需求相比，当前绿色金融资金供给存在较大缺口。我国当前融资结构仍以传统领域融资为主，2020 年新增绿色贷款占新增本外币贷款比重为

8.8%，绿色债券占境内债券整体发行规模不到0.5%，绿色贷款、绿色债券比重有待快速提升。

社会资本投资绿色产业的意愿不足。绿色金融领域资金来源单一，以绿色贷款为绝对主导，绿色债券、绿色股权投资等直接投资规模小，绿色债券还有相当一部分为金融债。这显示绿色投资主要依赖政策推动，要进一步调动社会资本的积极性。

绿色项目投资成本回收期长但公共效益大，目前缺少长期、低成本资金支持。以绿色债券为例，绿色债券发行期限大多在5年及以下。绿色债券与同期限普通债券相比，票面利率略低但没有明显优势，如果加上发行过程中的审查、评估认证等费用，成本优势进一步缩窄。保险机构和养老基金等长期资金供给方绿色投资不足是重要原因之一。我国保险资产管理规模近20万亿元，截至2021年6月，通过债券和股票等投资绿色发展产业资金规模约1万亿元，绿色相关投资比重仅5%。养老基金加大绿色投资逐步成为国际趋势，挪威政府养老基金GPFG和日本政府退休金投资基金GPIF等都是ESG投资的主要实践者。2016—2018年日本ESG市场规模上升4倍，主要是由于GPIF开始跟踪ESG指数作被动投资。2020年末，我国社保基金资产总额约3万亿元，绿色领域投资比重还不高，未来提升空间大。

### 2. 资金投向与实现“双碳”目标路径不完全匹配

“双碳”目标下，能源结构转型是重点，融资需求巨大。作为我国当前绿色金融的主体，绿色贷款投向可再生能源和清洁能源比重仅20%，比绿色交通低20个百分点。绿色债券发行主体以大型金融机构为主，能源企业发行比重不高。建筑是全球温室气体排放的重要来源，我国城镇化进程保持较快速度，大城市老旧小区改造压力大，绿色建筑融资需求大。然而，绿色贷款和绿色债券对建筑业的支持比重较低。2013年6月至2017

年6月末，支持建筑节能与绿色建筑的信贷规模仅占主要银行绿色贷款规模的2%。

### 3. 绿色技术创新面临融资瓶颈

绿色产品和服务的高成本是限制绿色发展的严重瓶颈，需通过大规模绿色技术创新投入来明显降低绿色生产（如清洁能源）和绿色消费（如绿色建筑）的成本和价格，使绿色经济活动更具价格优势。我国出台多项支持绿色技术创新的政策文件，但企业开展绿色技术创新投资的力度不足。

融资瓶颈是制约绿色技术创新投资的重要原因。一是难以获得银行贷款和债券融资。绿色技术创新企业多为中小民营企业，绿色技术项目投资周期长，部分项目长达5～10年，难以从银行贷款渠道获得足够融资。当前绿色债券发行人多为高信用等级的金融机构和大型国企，绿色技术创新中小企业发行债券难度大。二是私募股权和风险投资融资支持力度有限。与互联网、生物医药等领域相比，绿色技术企业风险高、商业模式不成熟、市场规模有限，对私募股权和风险投资吸引力不高。我国私募股权和风险投资缺少长期资金支持，存续期一般5～7年，而绿色技术企业达到IPO门槛可能需要10年时间。三是政策激励机制不足。贷款和债券是激励政策发挥作用的主要渠道（如绿色贷款、碳减排支持工具、碳中和债券），绿色技术创新企业难以获得相应支持。绿色技术创新风险投资税收优惠等激励也不充足。

## （三）支持绿色金融发展政策体系仍需完善

### 1. 绿色金融分类标准尚未完全统一，对高碳行业低碳转型支持不足

（1）绿色金融分类标准趋同但尚未统一。一是绿色贷款的中国人民银行和原银保监会统计标准不完全一致。二是绿色贷款、绿色债券和绿色产业三者不统一。例如，绿债目录删除国际争议较大的煤炭、石油等化石能

源清洁利用，产业目录继续保留这一产业；客运铁路建设被纳入绿色贷款，但未被纳入产业目录和绿债目录。绿色金融分类不统一不利于界定绿色经济活动，增加金融机构业务开展困难和监管难度。除绿色信贷、绿色债券外，我国绿色基金、绿色信托、绿色租赁等业务正在逐步发展，也需要依托于统一的绿色金融分类标准。

（2）绿色金融分类标准对高碳行业低碳转型支持不足。受技术约束，水泥、钢铁和化学品等高碳排放行业难以在短期被大规模低碳或零碳技术替代。例如，水泥因生产工艺限制产生碳排放。高碳行业向低碳转型需要推动技术设备改造、行业并购重组，融资需求大，但水泥、铝、钢铁等重要行业的低碳转型活动未被纳入绿债目录。如果产业目录和绿色贷款等标准按类似思路调整，转型活动将难以借助绿色金融工具开展融资。部分金融机构出于控制高碳资产考虑，可能会进一步收缩对转型活动的融资支持。与之对比，欧盟绿色金融分类标准支持钢铁、水泥等产品制造的低碳转型，以行业领先水平为技术筛选标准，只有碳排放大幅低于行业平均水平才能获得支持，并定期更新技术标准，促使企业持续跟跑行业最佳实践，持续向行业领先水平靠拢。

**2. 考核激励机制正向激励不足**

绿色贷款、绿色债券等被纳入银行的 MPA 和央行金融机构评级考核，影响其存款准备金率和存款保险风险差别费率，有一定正向激励作用，但推动大规模增加绿色投资难度较大。受资产规模持续扩张、近年来资产质量有所下降、金融监管要求提升等影响，我国商业银行资本金不足问题突出，中小银行资本金压力更大。如果大规模扩张绿色贷款或投资绿色债券，商业银行资本金压力会进一步上升，但尚未形成资本补充、资本风险调整等针对性激励措施。

### 3. 环境信息披露制度尚不健全，企业环境信息披露处于较低水平

环境信息披露是帮助投资者掌握企业碳排放水平的重要途径。我国碳排放单位信息披露制度还不完善，纳入排污许可制度要求持证排污单位定期公开污染治理和排放信息，披露范围、内容以及信息的质量都还有很大提升空间，企业主动披露水平更低。环境信息是上市公司ESG信息披露的重要组成部分，2020年A股上市公司ESG信息披露比重低于三成（见图7-6），披露碳排放相关信息的企业更少。与此同时，上市公司信息披露标准不统一，信息披露文件非结构化、定量数据获取难度大，加大了识别低碳减排企业的难度。

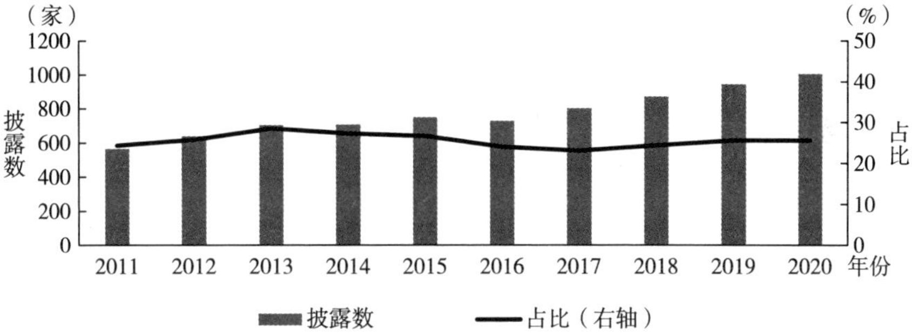


**图7-6　A股ESG信息披露数及比重**

数据来源：Wind数据库、商道融绿。

### 4. 融资支持效果监督不足，环境效益评估体系尚未建立

（1）募集资金使用范围较广泛，降低募资用途可信度。我国绿色债券募集资金使用范围不局限于绿色项目本身，绿色企业债和绿色公司债最多可分别将募集资金的50%和30%用于补充营运资金、偿还银行贷款等一般用途，而国际标准一般不超过5%。根据气候政策倡议组织统计，2016—2019年用于补充营运资金规模约占绿色企业债发行额的47%，几乎所有企业都最大额度补充营运资金。这虽然增加募集资金的灵活性，但占用绿色项目投资，削弱投资效果。部分企业甚至可能以绿色项目为名来为

其他项目融资，降低企业募资用途可信度。

（2）缺少可计算、可报告、可验证的效益评估体系。以新设的碳减排支持工具为例，为保证效果，金融机构应计算贷款带动的碳减排量，将减排信息对外披露，并接受金融监管和社会监督。然而，效益评估体系面临不少基础性问题。一是碳减排量测算缺少统一标准。原银保监会出台的绿色融资统计制度为融资项目碳减排量计算提供了一种方法，但在实际操作中，尚未形成公认统一标准。二是碳减排量核算缺少有效数据支撑。“可计算”需要企业准确核算碳排放量，并及时对外披露，而我国企业碳排放相关信息披露不足，用于核算的碳账户体系尚未建立。三是第三方认证机制不足。由专业环境评估认证机构出具监督评估报告是确定节能减排效益的有效措施和国际通用做法。2016—2019 年，对约 60% 绿色债券开展第三方跟踪评估认证，表明外部监督不足。我国绿色金融领域第三方评估认证机构尚处于起步阶段，机构数量和专业经验有待提升，如绿色债券认证工作多由传统审计机构完成，2021 年上半年排名前三的认证机构分别为安永、联合赤道（由评级公司联合信用设立）和德勤。

### （四）我国面临转型风险、绿色资产泡沫风险和区域风险三重挑战，风险防控机制尚不健全

#### 1. 搁浅资产规模大，金融机构识别、管理风险能力不足

我国当前能源系统以煤为主，“双碳”目标下，若无有效措施，存在资产搁浅风险。但目前金融机构识别、管理风险的投入和能力不足，风险防控政策体系尚不健全。统计高碳资产风险敞口是识别和预防风险的前提，我国尚未建立金融机构高碳资产核算标准，缺少风险评估工具，也未要求强制信息披露。压力测试是识别和应对转型风险的重要工具，我国相关部门正在研究在金融机构系统考虑气候变化因素，目前仅有个别银行

（如中国工商银行、中国银行）开展相关尝试。与之对比，全球主要央行积极推进开展金融机构气候风险压力测试，如2021年9月欧央行首次公布涵盖欧元区1600家银行压力测试结果，未来会根据风险敞口调整部分银行的资本金要求。

**2. 部分绿色资产价格泡沫风险升温**

近年来，应对气候变化紧迫性上升，全球气候变化相关投资大幅增长，大规模资金涌入清洁能源、电动车等领域，推高资产价格，如特斯拉股价2020年上涨7倍，过去10年上涨160倍。国际清算银行2021年9月警告，绿色资产泡沫风险明显上升，并将其与19世纪铁路投资热潮和21世纪初互联网泡沫相提并论。“双碳”目标提出后，我国新能源汽车、锂电池等部分行业股票大幅上涨、估值快速上升。2021年12月中旬，Wind储能指数、锂电池指数、新能源汽车指数市盈率分别为125、88、73，部分行业出现“浮夸炒作风”。投资热潮有助于引导资金支持绿色低碳领域，助力企业融资，但过度泡沫化可能诱发投机、欺诈等行为。一旦泡沫破灭，不仅会大幅削弱投资者信心，还会冲击股市稳定。

**3. 部分地区经济下行、产业收缩、金融收缩叠加，经济金融风险上升**

2020年新冠疫情暴发以来，我国部分地区增长动力恢复缓慢，经济下行压力大，信贷增长放缓，经济金融循环不畅。低碳转型加大传统产业和资源富集地区转型压力，钢铁、石化等行业产能压减势在必行。一些地区为尽快实现减排目标采取行政性减排措施，进一步加大产业收缩压力。当前支持高碳产业低碳转型和绿色经济不发达地区的金融支持工具还不充足，金融资源向绿色低碳领域倾斜可能加剧这些地区的金融收缩。2020年，东部和中部地区绿色贷款增速分别达23.5%和26.6%，明显高于西部和东北地区的14.5%、12.4%。我国绿色债券发行地区也多集中于北京、福建、上海、广东和江苏等经济发达地区。一旦经济下行、产业收缩、金融收缩三重压力叠加，部分地区经济金融风险会明显上升。

## 五、完善碳市场与绿色金融发展的建议

### （一）强化碳市场金融属性，放宽机构投资者进入全国碳市场条件

**1. 分步骤稳步推动金融机构和碳资产管理公司等机构投资者进入全国碳市场**

碳资产管理公司围绕碳资产交易咨询、碳资产开发管理等领域提供服务，不少大型发电集团专设碳资产公司统筹碳交易管理，兼具产业和金融属性，短期内可优先考虑将其引入全国碳市场，发挥投资、交易咨询、委托交易等功能。另外，可考虑允许已在地方碳市场中有较多经验的大型券商和商业银行参与全国碳市场交易，探索做市商服务，鼓励设立碳投资资金，稳定碳市场资金来源，扩大碳市场流动性。中长期可进一步放宽金融机构准入条件，引入境外合格机构，提高全国碳市场国际化程度。

**2. 丰富碳金融产品，加快研究碳排放权期货**

鼓励金融机构为全国碳市场开发碳抵押融资、碳回购、碳资产证券化等金融产品，帮助控排企业盘活碳资产。成熟碳市场以衍生品交易为主，现货交易规模较小。加快研究碳排放权期货，厘清现货市场与期货市场的关系，确定交易规则、风险控制等关键制度，在监管到位的前提下稳步推出碳排放权期货。

**3. 完善部门协同，增强金融管理部门在全国碳市场制度设计和监管中的作用**

碳市场涉及生态、产业、金融等多领域，应加强部门协调。在二级

市场交易环节提高金融管理部门参与度，碳金融产品应当遵循金融监管要求。碳市场交易、登记、结算、风险管理等基础设施与商品期货等金融市场类似，可借鉴相关经验，提高基础设施效率与安全水平。

### （二）完善绿色金融标准体系，强化激励约束机制，优化效益评估机制

#### 1. 加快推动绿色金融分类标准统一，增加高碳转型支持

在绿色产业、绿色贷款和绿色债券标准修订过程中，推动三类标准趋同，建立统一绿色金融分类标准。加强分类标准与国民经济行业分类的对应关系，便于开展绿色经济活动统计。借鉴欧盟经验，将符合行业最佳碳减排实践的水泥、钢铁产品等制造业纳入绿色金融分类目录，动态调整技术要求，引导高碳排放制造业采用行业最优技术。

#### 2. 强化激励约束机制，运用政策工具扩大融资供给

提高绿色金融业绩评价在央行金融机构评级和 MPA 考核中的权重，优先支持考核结果靠前的银行发行优先股、永续债、二级资本债等资本补充工具。利用再贷款工具扩大绿色贷款规模，可根据银行绿色金融政策落实情况确定资金支持规模和利率优惠程度。鼓励以绿色贷款为底层资产发行可转债，盘活存量资产。加快研究调整绿色资产和高碳资产风险权重。当前绿色贷款不良率明显低于一般贷款，绿色债券违约率也比较低，可适当下调绿色贷款、绿色债券的风险权重，上调高碳资产风险权重。鼓励政策性金融机构加大绿色债券发行，加大对清洁能源、节能环保等领域项目的支持力度。发挥政府引导基金撬动作用，放宽项目收益考核时长要求，引导社会资本加大对绿色技术创新企业的支持力度。推动社保基金、保险公司通过购买绿色债券、跟踪 ESG 指数、投资绿色股权投资基金等方式增加绿色资产配置比重。

#### 3. 完善绿色融资效益评估机制，强化第三方评估认证

降低绿色债券可用于偿还银行贷款、补充营运资金等一般用途的比例，引导资金更多用于绿色项目开发建设。强化绿色项目环境效益监督评估，要求定期公布或报告环境效益情况。探索以适当上浮融资利率的方式对实际效益未达到预期目标、信息披露失准的项目予以惩罚。为提升环境效益评估准确性，融资规模达到一定水平的项目需要聘请专业机构开展第三方评估认证，核查真实环境收益。加强对第三方评估认证机构设立、出具审查报告等活动的监管，强化评估质量审核管理。

### （三）强化金融机构气候变化风险评估，加强转型过程中脆弱地区风险防控

#### 1. 加快推动金融机构测算高碳资产风险敞口、开展压力测试、完善风险管理框架

气候变化金融风险评估涉及投融资活动碳足迹测算，要加快构建各类资产碳排放计算方法与工具。推动金融机构测算高碳资产风险敞口，定期开展压力测试，评估不同情景下的金融风险。部分金融机构持有海外投资较多，还要测算海外高碳资产风险敞口，监测海外东道国政策变化。构建可比、标准化的信息披露标准，要求金融机构披露高碳资产持有情况、资产组合碳排放量和强度等信息，倒逼金融机构增强风险意识和风险管理能力，也便于金融监管部门开展系统性风险评估。可先从部分国有大型银行和大型资管公司试点，再推广至其他金融机构。推动金融机构调整风险管理框架，在信贷发放、债券投资等业务流程中增加气候变化相关风险的维度，审慎投资高碳业务。与此同时，也要引导机构投资者理性投资绿色资产，严查恶意炒作行为。

### 2. 加强转型过程中脆弱地区经济金融风险防控

传统行业比重高、资源富集型地区面临较大转型压力，经济金融风险上升。要建立中央和地方协调机制，有效评估和及时应对部分地区的气候变化风险。加大财政转移支付力度、建立低碳转型基金，以及将部分未来碳市场相关收入作为专项资金，帮助受影响较严重地区以保障社会民生、调整经济结构。金融管理部门需储备针对性支持工具（如结构性货币政策工具），加大对信用紧缩地区风险化解和信贷投放的支持力度。

# 第三篇
# 绿色低碳转型的基础制度

第八章

# 建立健全碳达峰碳中和法律法规

## 一、我国碳达峰碳中和立法进展和现状

### （一）应对气候变化立法具备立法授权和基础

我国国家层面推动应对气候变化立法工作已有十余年。2009 年 8 月《全国人民代表大会常务委员会关于积极应对气候变化的决议》提出“要把加强应对气候变化的相关立法作为形成和完善中国特色社会主义法律体系的一项重要内容，纳入立法议程”。为推动应对气候变化立法进程，2011 年国家成立了由国家发展改革委牵头，全国人大环资委、全国人大法工委、原国务院法制办和 17 个部门组成的应对气候变化法律起草工作领导小组。2015 年《中共中央 国务院关于加快推进生态文明建设的意见》进一步明确，要“研究制定应对气候变化等方面的法律法规”。2016 年“应对气候变化法”被列入《国务院 2016 年立法工作计划》中的“研究项目”。

碳排放权交易条例处在推进过程中。“碳排放权交易管理条例”于 2016 年与其他立法项目一同被列入《国务院 2016 年立法工作计划》，2019 年 3 月在生态环境部官方网站向全社会公开征求意见，2021 年 6 月第二次

被列入国务院年度立法计划[①]。

碳达峰目标和碳中和目标提出后，特别是 2021 年 7 月启动全国碳排放权交易市场第一个履约周期以来，应对气候变化领域的立法空白问题日益凸显。2021—2023 年两会上，共有 441 人次的代表委员提出了 23 件碳达峰碳中和立法相关的建议和提案。加快立法进程，尽快为碳达峰碳中和提供法律保障势在必行。

### （二）应对气候变化的相关部门规章逐渐完善

虽然国家法律和国务院条例层面尚存立法空白，但部门行业层面应对气候变化的建章立制工作逐步推进。国家应对气候变化主管部门先后出台实施了《国家应对气候变化规划（2014—2020 年）》《清洁发展机制项目运行管理暂行办法》《中国清洁发展机制基金管理办法》《温室气体自愿减排交易管理暂行办法》《节能低碳产品认证管理办法》《碳排放权交易管理暂行条例》《关于开展氢氟碳化物处置相关工作的通知》《关于促进应对气候变化投融资的指导意见》等多项部门规章和规范性文件。

碳达峰碳中和目标提出以来，由《中共中央 国务院关于完整准确全面贯彻新发展理念做好碳达峰碳中和工作的意见》和《2030 年前碳达峰行动方案》作统领、部门规章作支撑的碳达峰碳中和"1+N"政策体系已经建立。已印发的 24 份政策文件包括《推动能源绿色低碳转型做好碳达峰工作的实施方案》《工业领域碳达峰实施方案》《城乡建设领域碳达峰实施方案》《交通运输部 国家铁路局 中国民用航空局 国家邮政局贯彻落实〈中共中央 国务院关于完整准确全面贯彻新发展理念做好碳达峰碳中和工作的意

① 见《国务院办公厅关于印发国务院2016年立法工作计划的通知》（国办发〔2016〕16号）和《国务院办公厅关于印发国务院2021年度立法工作计划的通知》（国办发〔2021〕21号）中的《碳排放权交易管理暂行条例》。

见〉的实施意见》《交通运输领域绿色低碳发展实施方案》《农业农村减排固碳实施方案》《减污降碳协同增效实施方案》7 项重点领域政策，《建材行业碳达峰实施方案》《有色金属行业碳达峰实施方案》《贯彻落实碳达峰碳中和目标要求推动数据中心和 5G 等新型基础设施绿色高质量发展实施方案》3 项重点行业政策，《深入开展公共机构绿色低碳引领行动促进碳达峰实施方案》《关于推进中央企业高质量发展做好碳达峰碳中和工作的指导意见》《关于引导服务民营企业做好碳达峰碳中和工作的意见》3 项特定主体政策，《关于完善能源绿色低碳转型体制机制和政策措施的意见》《科技支撑碳达峰碳中和实施方案》《财政支持做好碳达峰碳中和工作的意见》《促进绿色消费实施方案（2022—2030 年）》《关于加快建立统一规范的碳排放统计核算体系实施方案》《建立健全碳达峰碳中和标准计量体系实施方案》《能源碳达峰碳中和标准化提升行动计划》《高等学校碳中和科技创新行动计划》《加强碳达峰碳中和高等教育人才培养体系建设工作方案》《绿色低碳发展国民教育体系建设实施方案》《最高人民法院关于完整准确全面贯彻新发展理念 为积极稳妥推进碳达峰碳中和提供司法服务的意见》11 项支撑保障政策。此外，关于生态系统碳汇、钢铁行业、石化化工行业、金融支持、干部教育培训等方面的碳达峰碳中和政策文件也将陆续出台。

### （三）气候变化与相关领域法律法规协同发展

近年来，我国生态环境立法越来越规范、越来越精细。生态环境保护领域的主要立法成果包括《中华人民共和国环境保护法》《中华人民共和国环境保护税法》《中华人民共和国环境影响评价法》《中华人民共和国大气污染防治法》《中华人民共和国水污染防治法》《中华人民共和国固体废物污染环境防治法》《中华人民共和国土壤污染防治法》《中华人民共和国噪声污染防治法》《中华人民共和国海洋环境保护法》等；在农业领域，包含《中华人民共和国农业法》《中华人民共和国渔业法》；在草原湿地领域，包含《中华人民共和国草原法》《中华人民共和国湿地保护法》等；在水资源领域，包含《中华人民共和国水法》等；在陆地生态系统，包含《中华人民共和国森林法》《中华人民共和国野生动物保护法》等；在海洋领域，包含《中华人民共和国海洋环境保护法》《中华人民共和国海岛保护法》《中华人民共和国海域使用管理法》《中华人民共和国港口法》等；在防灾减灾领域，主要包含《中华人民共和国气象法》《中华人民共和国防震减灾法》《中华人民共和国突发事件应对法》等；在能源转型和能源高效利用方面，包含《中华人民共和国节约能源法》《中华人民共和国可再生能源法》《中华人民共和国煤炭法》《中华人民共和国循环经济促进法》《中华人民共和国清洁生产促进法》。

在已颁布的法律中，仅有《中华人民共和国大气污染防治法》《中华人民共和国湿地保护法》《中华人民共和国长江保护法》《中华人民共和国黄河保护法》《中华人民共和国青藏高原生态保护法》5 部法律概括性地提及应对气候变化相关内容，但未涉及管理制度和法律措施。气候变化是唯一缺乏立法依据的环境要素治理领域，只能依靠发挥其他相关领域现有立法的协同效果来规制。

### （四）地方应对气候变化的立法进展

#### 1. 省级政府应对气候变化的规章

《青海省应对气候变化办法》于 2010 年经青海省人民政府常务会议审议通过，这是中国第一部应对气候变化的省级政府规章，共 5 章 28 条。该办法充分体现了“减缓与适应并重”原则，首次在立法中提出了适应气候变化的“趋利避害”特征，但由于出台时间较早，制度探索尚不完善，没有提出减缓气候变化的专门制度，具有鲜明的框架性特征。《山西省应对气候变化办法》于2011年经山西省人民政府办公厅印发。相较于青海省的立法，山西立法更具操作性，突出了建设“气化山西”目标，要提升煤的清洁开发利用技术，将温室气体减排完成情况纳入地方政府人员考核评价体系。但其行政法色彩较浓，每项制度不够具体，缺乏法律责任的明确规定。在国家提出碳达峰碳中和目标后，天津于2021年通过市人大出台《天津市碳达峰碳中和促进条例》，成为首部地方“双碳”立法。

**2. 市级低碳发展的地方性法规**

《石家庄市低碳发展促进条例》于2016年经河北省石家庄市人大通过，共10章63条，包括低碳发展的基本制度、能源利用、产业转型、排放控制、低碳消费、激励措施、监督管理和法律责任。该条例开创国内城市低碳立法先河，构建包含碳排放总量控制制度、碳强度控制制度、煤炭消费总量制度、产业准入负面清单制度等在内的制度体系，多层次设定法律责任。但该条例的制定缺乏明确的执法计划，执法信心不足，重立法、轻执法的问题突出。《南昌市低碳发展促进条例》于2016年经南昌市人大会议审议通过，共9章63条，包括低碳发展的基本制度、能源利用、产业转型、排放控制、低碳消费、激励措施、监督管理和法律责任。该立法旨在为城市低碳发展提供执法依据，构建城市低碳发展体制机制，立法前期多次沟通，化解立法顾虑，努力争取各部门间立法预期的最大公约数，注重立法和执法上的时序性，内容具备可操作性和导向性，但同时也存在诸如低碳措施尚未落地、执法依据不足、监督惩罚措施不足、执法经验不足等问题。

**3. 其他地方专项立法**

2021年深圳市在《深圳经济特区生态环境保护条例》专章规定应对气候变化内容。上海、深圳等碳排放权交易试点地区出台碳交易专项地方法规或地方政府规章（见附表8–1）。

## 二、国外应对气候变化的法律法规建设经验

国外很多国家和地区将开展气候立法作为落实《巴黎协定》关于“在21世纪下半叶实现温室气体源的人为排放与汇的清除之间的平衡”的重要举措。截至目前，全球共有37个国家和地区出台了57部应对气候变化、低碳发展、碳交易或碳税相关法律（其中2部已废止）；共有34个国家和地区出台了48部气候专项立法（见附表8–2）。国外通过开展应对气候变化立法以保障落实碳中和目标的经验，值得我们研究和借鉴。

### （一）国外气候立法的发展趋势

一是国内气候立法与国际气候立法进程相呼应。从现有57部气候变化相关立法来看，整体可以《巴黎协定》签署为分水岭。在2015年底《巴黎协定》签署之前，已经出台了14部气候变化相关立法，其中英国、墨西哥、新西兰、瑞士、韩国、日本等国家出台的11部立法在《巴黎协定》签署后进行了修订。在2015年底《巴黎协定》签署之后，将国际法内化为国内法成为越来越多缔约方的选择，共有31个国家和地区新制定了应对气候变化的相关法律。

二是气候立法数量在近几年快速增加。随着《巴黎协定》完成实施细则谈判，各缔约方进入实质性落实自主贡献目标阶段。2021年和2022年全球迎来了新一轮应对气候变化立法、修法高峰。其中比较有代表性的立法成果包括欧盟理事会2021年6月通过的《欧洲气候法》，德国2019年11月颁布、2021年6月修订的《联邦气候保护法》，俄罗斯2021年5月颁布的《2050年前限制温室气体排放法》，澳大利亚2022年7月出台的《2022年气候变化法案》。

三是气候立法成为国际气候斗争的招牌。开展国内立法成为很多国家

展现应对气候变化雄心、获取国际气候影响力的关键之举。美国近两年出台的《基础设施投资和就业法案》和《通胀削减法案》通过税收抵免、财政奖励、财政补贴等方式支持能源转型和应对气候变化，成为拜登政府对外树立形象、对内赢得中期选举的重要举措。英国是全球最早开展气候立法的国家，在其《气候变化法案》中建立了气候变化管理机制、明确了减缓气候变化的“碳预算”制度和适应气候变化的主要措施，提出“到2050年将碳排放降低到1990年水平的80%”。《巴黎协定》生效后，英国对《气候变化法案》进行修订，将2050年目标调整为要实现碳中和，以期望继续保持其全球气候领导力。

### （二）国外气候立法的主要特点

一是多以气候变化作为法律名称。在已出台的57部相关立法中，大部分国家和地区将“气候”作为法律名称，仅有韩国2021年9月制定、2022年3月实施的《应对气候危机碳中和绿色发展基本法》在名称中提到了“碳中和”。该法虽将“碳中和”放在法律名称中，但实质上是一部包括减缓、适应、公正转型的综合性立法，其基本原则包括“基于对气候变化的科学预测分析，全面考虑影响气候危机或受气候危机影响的所有领域后，制定出关于温室气体减排、气候危机适应等方面的政策”，特别用专门一章10个条款规定了适应气候变化的相关内容。该法实施后，韩国2010年出台的《低碳绿色增长基本法》同步废止，2012年颁布的《韩国温室气体排放配额分配与交易法》进行了对照修订。

二是多在气候法中纳入碳中和目标。就目前已出台的国外相关气候法来看，除俄罗斯《2050年前限制温室气体排放法》等极少数法律中未提及碳中和目标外，大部分国家和地区将碳中和时间纳入了法律，特别是有些尚未达峰的发展中国家也在法律中明确提出了碳中和目标。截至目前，全球共有菲律宾、墨西哥、阿根廷、哥伦比亚、巴西、秘鲁、智利、巴拉圭、危地马拉、波多黎各、洪都拉斯等 11 个发展中国家出台了应对气候变化相关立法。其中，哥伦比亚 2021 年 12 月出台的《气候行动法》规定要“2030 年碳达峰，2050 年碳中和”；智利 2022 年 6 月出台的《气候变化框架法》规定于 2050 年实现碳中和，但并未规定碳达峰目标。

三是多为框架性立法。应对气候变化涉及方方面面，法律规则的内容需要随着科学认知水平的提升、国际气候谈判的进展、公众接受程度的变化而不断调整。英国、德国、欧盟等国外气候立法均是框架性立法，北欧国家立法甚至只有短短数条，预留了就具体问题制定实施细则的立法空间。例如，欧盟在 2021 年出台《欧洲气候法》后，2022 年对其他 8 项涉气候法案进行了修订，逐步建立起应对气候变化的法律体系。

## 三、我国碳达峰碳中和立法存在的问题

当前，我国碳达峰碳中和“1+N”政策体系已初步建立，为下一步制定国家应对气候变化法打下良好政策基础。但政策本身所具有的追责力度不足等问题，导致我国碳排放的管控情况仍需改进。碳市场数据质量问题暴露出我国应对气候变化领域法律依据不足、责任不清的问题，国内碳交易相关诉讼数量的增长凸显了专门应对气候变化法的缺位，倒逼应对气候变化相关法律制度加速完善。至今一部全国性、统筹性立法仍未出台，使得一些管理制度因缺乏国家立法的授权而实施效果不佳。

### （一）立法管理对象的分界不明

气候变化一直是全球关注的重点领域。我国在这一领域的立法紧迫性

前所未有，应对气候变化立法应当充分涵盖气候变化的减缓与适应工作，但开展上述工作的法律依据不明。环境领域立法动力多源自问题导向，单一元素式立法模式使得一些领域在立法方面存在重叠或空白。而气候变化问题范围大，在生态要素上与多个生态单元又具有关联性，因而管理对象的分界不明也是立法工作长期以来遇到的突出问题。

### （二）实践积累经验尚待加强

当前，我国在气候变化战略规划制度、统计核算制度、报告核查制度、评价考核制度、排放权交易制度等方面积累了一定的实施经验；在气候变化影响评价制度、标准化制度、低碳技术目录制度、低碳产品采购制度方面已进行了初步探索；在碳排放总量控制制度、碳排放许可制度、信息公开制度、信用管理制度、气候保险制度方面也具备了一定研究经验，但各项制度研究尚待成熟，还处在零散化研究阶段，缺乏一部基础性法律将之统合。

### （三）法律责任认定标准尚需达成共识

气候变化问题是全人类所要面对的共同问题，但不论是管理部门还是公众，其在认知上还存在很多障碍，社会生产转型还需要一定时间，政府和行政相对方都具有控制温室气体排放的责任，要将应对气候变化的目标完成情况作为政府和有关行政工作人员考核的重要内容。相关立法的缺位，使得法律责任认定难、法律处罚具体标准不明确，也就导致法律执行较难。我国尚未建立起低碳执法队伍，相关执法主体、执法机制、执法保障等问题尚待加强研究。

## 四、推动我国碳达峰碳中和立法必要且紧迫

我国正在走绿色、低碳和循环发展之路，有关绿色和循环发展的国家法律保障比较齐全，只在应对气候变化领域尚存国家法律空白。力争在2030年前碳达峰、2060年前碳中和的新形势下，亟须尽快制定“应对气候变化法”，将气候变化的减缓、适应及应对气候变化的监管、国际合作等工作全面纳入法制轨道。从以下几方面看，立法必要性尤其突出。

### （一）为应对气候变化行动的地位、目标和要求提供法律保障

国家和地方已制定碳达峰和碳中和行动方案，但应对气候变化的法律地位缺失，保障规范严重不足，因此制定专门的“应对气候变化法”以提供全面的法律支撑，其紧迫性前所未有。应对气候变化需同步推进低碳发展目标下的气候变化减缓和适应工作。在减缓方面，需将碳减排和碳汇建设纳入各级政府的规划和财政支持，基于碳达峰碳中和愿景明确碳排放总量与强度控制目标及碳汇增加目标，强化工业、建筑、交通、能源等重点行业的节能减排，优化能源结构和利用方式，加强基础设施建设、技术研发和示范推广，吸引市场多元化投资，引导全社会形成绿色低碳生活方式。在适应方面，需依法开展工业与农业、城镇与农村适应气候变化的工作，明确灾害应急法律职责。目前开展上述工作的法律依据不足，亟须制定“应对气候变化法”予以全面支持。

### （二）规定各部门的法定职责及温室气体排放权的法律属性与交易机制，规范开展全国的应对气候变化工作

国家和地方设定碳排放配额总量和配额分配规则、组织履约和核查、开展碳交易监管、鼓励低碳投融资等工作均缺乏法律授权。全国碳排放

权交易市场于2017年启动建设，于2021年启动第一个履约周期。但碳排放权的法律性质不明确，其交易缺乏法律依据。亟须制定“应对气候变化法”，从法律层面明确各级政府及应对气候变化主管部门的管理职责，规定碳排放权的法律属性，设定企业配额履约的法律义务及法律责任，为行政监管的依法实施、权益交易的依法运行以及改革创新提供法制保障。

### （三）为政府分解落实气候变化应对目标，开展目标责任评价考核提供法制依据

国务院印发的“十二五”和“十三五”控制温室气体排放工作方案建立了我国温室气体排放目标分解落实考核机制。在这套工作机制保障下，2021年我国单位国内生产总值二氧化碳排放比2020年降低3.8%，比2005年累计下降50.8%，非化石能源占一次能源消费比重达到16.6%，风电、太阳能发电总装机容量达到6.35亿千瓦，单位国内生产总值煤炭消耗显著降低，森林覆盖率和蓄积量连续30年实现“双增长”[①]。亟须制定“应对气候变化法”，推进目标管理由碳强度下降控制向碳强度和碳总量下降控制转型，将被实践证明行之有效的目标地区分解落实评价考核机制法律化，赋予重点行业目标减排责任，与生态环境领域整体考核工作进行合理衔接。

### （四）彰显国家应对气候变化法治决心，巩固和提升全球气候治理国际地位

我国温室气体排放总量大，全球占比高的现状短期内难以改变，国际

① 数据源于生态环境部于2022年10月27日召开的10月例行新闻发布会。

压力居高不下且将长期持续。因此尽快制定“应对气候变化法”，既有利于促进国内绿色、低碳、循环发展法治工作，也有利于提高科学、精准、依法履行应对气候变化国际条约的能力和水平，为履行《联合国气候变化框架公约》和《巴黎协定》提供法律工具和方法，彰显我国实现碳达峰目标和碳中和愿景的法治决心。此举亦有利于科学应对碳关税等贸易壁垒，维护国际贸易、国际投资等方面的国家利益，营造国家发展的良好外部环境，巩固和提升我国在全球应对气候变化国际合作中的重要参与者、贡献者和引领者地位。

### （五）为碳汇发展提供法律法规保障

“汇”是指“从大气中清除温室气体、气溶胶或温室气体前体的任何过程、活动或机制”[①]，碳汇主要包含生态系统碳汇和人工碳汇。生态系统碳汇包括森林碳汇、草原碳汇、湿地碳汇、海洋碳汇、土壤碳汇等类型，人工碳汇则主要是指通过碳捕集、利用与封存技术吸收二氧化碳。碳汇交易是指把森林、草原、海洋等生态系统作为载体，通过其生态功能将二氧化碳吸收、固定，使其成为一种商品，以一定核算方式、在一定交易规则下进行有偿转让，并借此来抵消买方温室气体排放量的市场规则。各种类型碳汇的核算标准和方法也需进行规范和明确。因此，在推行生产端转型的同时，也应当同样重视通过增汇来减轻减排压力，对此，在立法中应当明确作出规定，为碳汇的发展提供法律保障。

应对气候变化立法应当立足于实践，立法内容应当具有包容性，分析借鉴国际先进国家立法经验，充分研判国内地方立法进展，听取各利益相关方立法意见，并广泛运用法律、行政、技术、市场等一切可行的技术手

① 定义引自《联合国气候变化框架公约》第一条。

段，创新性地开展制度研究，探索适合中国国情的法治化道路。

## 五、健全碳达峰碳中和法律法规的建议

按照《中共中央 国务院关于完整准确全面贯彻新发展理念做好碳达峰碳中和工作的意见》中关于法律法规建设的部署，2021—2060年，要全面清理现行法律法规中与碳达峰碳中和工作不相适应的内容，加强法律法规间的衔接协调。研究制定碳达峰碳中和专项法律，抓紧修订节约能源法、电力法、煤炭法、可再生能源法、循环经济促进法等，增强相关法律法规的针对性和有效性。按照《2030年前碳达峰行动方案》的部署，在2021—2030年，要构建有利于绿色低碳发展的法律体系，推动能源法、节约能源法、电力法、煤炭法、可再生能源法、循环经济促进法、清洁生产促进法等制定修订。综合这两个文件，在2030年前，建议具体做好如下工作。

### （一）制定专门性、框架性的应对气候变化法

建议出台一部应对气候变化专门法律，以填补当前应对气候变化立法空白。尽管能源结构调整和碳汇发展均对减缓气候变化具有正相关性，但我国已出台的各项法律具有各自调整对象。考虑到立法任务与立法目的，建议应对气候变化立法聚焦于减缓气候变化、适应气候变化、国际合作等特定领域，不涉及可再生能源、电力、煤炭、森林、草原、气象、防灾减灾等已有法律的管理范畴。

法律条款如果过细，立法过程将面临较大阻力，而框架性立法较易为各方所接受，有助于及早出台填补法律空白。因此，考虑到科学认知提升、管理手段调整、立法难易程度等因素，建议制定框架性的应对

气候变化法。在立法中为后续制定专项下位法进行授权并预留空间，逐步打造“1+N”的应对气候变化法律体系。建议参考国外气候立法经验，明确减排目标责任主体，对于目标完成不到位的情况进行依法追责，通过法律武器保障碳达峰碳中和等国家应对气候变化系列目标如期完成。

### （二）推进地方应对气候变化的法规规章建设

推进地方应对气候变化立法有助于前瞻性地探索气候管理制度，可操作性地实施气候管理措施，有效解决地方“双碳”政策约束力不足的问题，为国家应对气候变化立法积累经验，共同打造气候法治格局。

一是鼓励地方立法进行制度探索。地方立法可以在温室气体管控制度的先行先试上发挥重要作用，将地方实践证明成熟有效的制度纳入国家气候立法。例如，南昌市低碳立法中提出的注重公众低碳成果可视化、鼓励低碳人才引进、低碳目标行政首长负责和离任报告制度；青海省气候立法强调适应气候变化的重要性；山西省气候立法中明确国有企业的控排责任；石家庄市低碳立法中提出建立碳排放管理平台等内容，均值得持续跟踪总结，并在国家气候立法时加以借鉴。

二是注重地方气候立法的可操作性。地方立法机关对于当地温室气体排放特征和气候变化可能造成的风险更易了解，地方法律的适用对象更具体，建议在地方立法过程中考虑执法的可操作性，在适用对象、惩罚力度裁量、制度实施程序等方面进行详细具体的规定，避免大而全的框架式立法。在法律出台后，要做好配套立法、宣传动员和普法，明确执法主体、执法对象和执法程序，避免浪费宝贵的立法资源。

三是明确不同层级的立法权限和立法协同。从行政强制和行政许可的设定权上，层级越低的立法可以设定的强制措施的种类和力度就越小，例如，地方立法不得设定限制人身自由、冻结存款、查封场所等强制措施，不得在上位法的行政许可上增设条件，不得涉及碳税等内容。国家气候立法的重点在于，明确国家和地方在应对气候变化管理上的职责分配，厘清省、市、县各级政府的权责，搭建主要减排制度框架。地方气候立法应更关注区域特色，因地制宜提出当地减缓和适应气候变化的具体措施，补充和细化国家气候立法中的各项制度安排。

**附表8-1　试点地区颁布的部分碳排放监测报告核查的重要文件及时间**

| 省（市） | 文件名 | 颁布时间 |
|---|---|---|
| 北京 | 《北京市碳排放权交易管理办法（试行）》 | 2014年5月 |
| | 《北京市碳排放权交易核查机构管理办法（试行）》 | 2013年11月 |
| | 《企业（单位）二氧化碳排放核算与报告指南》 | 2013年11月 |
| | 《北京市温室气体排放报告报送流程》 | 2013年11月 |
| | 《北京市碳排放监测指南》 | 2014年11月 |
| | 《北京市碳排放单位二氧化碳核算和报告要求》 | 履约年度发布 |
| | 《北京市碳排放报告第三方核查程序指南》 | 履约年度发布 |
| | 《北京市碳排放第三方核查报告编写指南》 | 履约年度发布 |
| | 《北京市碳排放权交易管理办法（修订）》征求意见稿 | 2022年9月 |
| 上海 | 《上海市碳排放管理试行办法》 | 2013年11月 |
| | 《上海市温室气体排放核算与报告指南（试行）》 | 2012年12月 |
| | 《上海市碳排放核查第三方机构管理暂行办法》 | 2014年1月 |
| | 《上海市碳排放核查工作规则（试行）》 | 2014年3月 |
| 深圳 | 《深圳市碳排放权交易管理暂行办法》 | 2014年3月 |
| | 《深圳市碳排放权交易核查机构及核查员管理暂行办法》 | 2014年5月 |
| | 《深圳市组织温室气体量化和报告指南》 | 2012年11月 |
| | 《深圳市组织温室气体排放的核查规范及指南》 | 2012年11月 |
| | 《建筑物温室气体排放的量化和报告规范指南》 | 2013年4月 |
| | 《深圳市碳排放权交易管理办法》 | 2022年5月 |
| 重庆 | 《重庆市碳排放权交易管理暂行办法》 | 2014年4月 |
| | 《重庆市企业碳排放核查工作规范（试行）》 | 2014年5月 |
| | 《重庆市工业企业碳排放核算和报告指南（试行）》 | 2014年5月 |
| | 《重庆市企业碳排放核算、报告和核查细则》 | 2014年5月 |
| | 《重庆市碳排放权交易管理办法（试行）》 | 2023年2月 |

续表

| 省（市） | 文件名 | 颁布时间 |
| --- | --- | --- |
| 天津 | 《天津市碳排放权交易管理暂行办法》 | 2013年12月 |
| | 《天津市企业碳排放报告编制指南（试行）》 | 2013年12月 |
| | 《天津市电力热力行业碳排放核算指南（试行）》 | 2013年12月 |
| | 《天津市钢铁行业碳排放核算指南（试行）》 | 2013年12月 |
| | 《天津市炼油和乙烯行业碳排放核算指南（试行）》 | 2013年12月 |
| | 《天津市化工行业碳排放核算指南（试行）》 | 2013年12月 |
| | 《天津市其他行业碳排放核算指南（试行）》 | 2013年12月 |
| | 《天津市碳排放权交易管理暂行办法》 | 2020年6月 |
| 湖北 | 《湖北省碳排放权管理和交易暂行办法》 | 2014年4月 |
| | 《湖北省工业企业温室气体排放检测、量化和报告指南（试行）》 | 2014年7月 |
| | 《湖北省温室气体排放核查指南（试行）》 | 2014年7月 |
| 广东 | 《广东省碳排放管理试行办法》 | 2013年12月 |
| | 《广东省企业碳排放核查规范》 | 2014年3月 |
| | 《广东省企业（单位）二氧化碳排放信息报告通则（试行）》 | 2014年3月 |
| | 《广东省火力发电企业二氧化碳排放信息报告指南（试行）》 | 2014年3月 |
| | 《广东省水泥企业二氧化碳排放信息报告指南（试行）》 | 2014年3月 |
| | 《广东省钢铁企业二氧化碳排放信息报告指南（试行）》 | 2014年3月 |
| | 《广东省石化企业二氧化碳排放信息报告指南（试行）》 | 2014年3月 |
| | 《广东省企业碳排放信息报告与核查实施细则（试行）》 | 2014年3月 |
| | 《广东省碳排放管理试行办法》（2020年5月12日粤府令第275号第一次修改） | 2020年5月 |

资料来源：课题组根据相关资料整理。

附表8-2　国外应对气候变化相关立法情况

| 序号 | 国家/地区 | 法律名称 | 制定或修订时间 | 是否为气候法 |
|---|---|---|---|---|
| 1 | 欧盟 | 《欧洲气候法》 | 2021年6月出台 | 是 |
| 2 | 英国 | 《气候变化法案》 | 2008年11月26日颁布，2021年8月5日最新修订 | 是 |
| 3 | 英国 | 《气候变化法（苏格兰）》 | 2009年颁布，2019年10月31日修订 | 是 |
| 4 | 芬兰 | 《芬兰气候变化法》 | 2015年6月1日颁布（609/2015号），2022年5月25日经议会审议后修订，修订版本确定芬兰将于2035年实现碳中和 | 是 |
| 5 | 挪威 | 《挪威气候变化法》 | 2017年6月颁布，2018年1月1日生效。2021年7月22日最新修订 | 是 |
| 6 | 瑞典 | 《瑞典气候法》 | 2018年颁布 | 是 |
| 7 | 丹麦 | 《丹麦气候法案》 | 2019年12月6日出台，2021年12月13日修订 | 是 |
| 8 | 奥地利 | 《奥地利气候法》 | 2011年制定，2017年修订 | 是 |
| 9 | 瑞士 | 《瑞士联邦二氧化碳减排法》（已废止） | 1999年10月8日公布，现已经废止 | 是 |
| 10 | 瑞士 | 《瑞士减少二氧化碳排放联邦法案》 | 2011年12月23日颁布，2013年1月1日生效，2021年修订 | 是 |
| 11 | 法国 | 《法国促进绿色增长的能源转型法》 | 2015年8月颁布 | 否 |
| 12 | 法国 | 《法国关于应对气候变化并加强抵御其影响的能力法》 | 2022年7月颁布 | 是 |
| 13 | 德国 | 《联邦气候保护法》 | 2019年11月颁布，2021年6月修订 | 是 |
| 14 | 德国 | 《德国巴伐利亚州气候保护法》 | 2020年11月23日公布 | 是 |
| 15 | 德国 | 《德国下萨克森州促进气候保护和减轻气候变化影响法》 | 2020年12月10日公布，2021年11月12日修订 | 是 |

续表

| 序号 | 国家/地区 | 法律名称 | 制定或修订时间 | 是否为气候法 |
|---|---|---|---|---|
| 16 | 德国 | 《德国石勒苏益格-荷尔斯泰因州能源转型和气候保护法》 | 2017年3月7日公布，2021年11月12日最新修订 | 是 |
| 17 |  | 《德国图林根州气候保护和适应气候变化法》 | 2018年12月18日公布，2021年11月12日最新修订 | 是 |
| 18 |  | 《德国北莱茵-威斯特法伦州气候保护法》 | 2021年7月8日出台，2021年7月16日开始生效，2021年11月10日修订 | 是 |
| 19 |  | 《德国莱茵兰-普法尔茨州气候保护促进法》 | 2014年8月19日公布，2015年10月6日对法条中第四十八条进行了修改。2021年11月12日最新修订 | 是 |
| 20 |  | 《德国柏林州气候保护和能源转型法》 | 2016年3月22日颁布，2021年8月27日最新修正，2021年11月12日施行 | 是 |
| 21 |  | 《德国不来梅州气候保护和能源法》 | 2019年11月11日生效，2020年10月20日最新修订 | 是 |
| 22 |  | 《德国汉堡气候保护法》 | 2020年2月20日通过，2021年11月12日最新修订 | 是 |
| 23 |  | 《德国巴登-符腾堡州气候保护法》 | 2013年7月23日公布，2021年10月12日最新修订 | 是 |
| 24 | 俄罗斯 | 《2050年前限制温室气体排放法》 | 2021年5月20日出台 | 是 |
| 25 | 西班牙 | 《西班牙气候变化和能源转型法》 | 2021年5月21日颁布 | 是 |
| 26 | 葡萄牙 | 《葡萄牙气候基本法》 | 2021年12月31日颁布 | 是 |
| 27 | 希腊 | 《希腊国家气候法——向气候中和和适应气候变化的过渡》 | 2022年5月27日出台 | 是 |
| 28 | 黑山 | 《黑山气候变化负面影响保护法》 | 2018年12月28日出台 | 是 |
| 29 | 阿尔巴尼亚 | 《阿尔巴尼亚气候变化法》 | 2020年12月17日出台 | 是 |
| 30 | 塞尔维亚 | 《塞尔维亚气候变化法》 | 2021年出台 | 是 |

续表

| 序号 | 国家/地区 | 法律名称 | 制定或修订时间 | 是否为气候法 |
|---|---|---|---|---|
| 31 | 韩国 | 《低碳绿色增长基本法》（已废止） | 2010年1月出台，2010年4月生效，2017年11月28日进行部分修订，2019年11月最后一次修订，2020年5月27日生效。该法于《应对气候危机碳中和绿色发展基本法》2022年3月25日实施后，同步废止 | 否 |
| 32 | | 《应对气候危机碳中和绿色发展基本法》 | 2021年9月24日制定，2022年3月25日实施 | 否 |
| 33 | | 《韩国温室气体排放配额分配与交易法》 | 2012年5月14日颁布，2012年11月15日生效，2020年修订，2021年根据《应对气候危机碳中和绿色发展基本法》进行了部分更新 | 否 |
| 34 | 日本 | 《日本全球变暖对策推进法》 | 1998年10月9日颁布，2021年6月2日进行了第7次修订，修订版本自2022年4月1日施行 | 是 |
| 35 | 菲律宾 | 《菲律宾气候变化法案》 | 2009年10月23日颁布，暂无修订版本 | 是 |
| 36 | 巴基斯坦 | 《巴基斯坦气候变化法》 | 未查到 | 是 |
| 37 | 新西兰 | 《新西兰气候变化应对法》 | 2002年11月18日出台，2023年1月1日最新修订 | 是 |
| 38 | 澳大利亚 | 《2022年气候变化法案》 | 2022年7月27日出台 | 是 |
| 39 | | 《澳大利亚维多利亚州气候变化法》 | 2017年2月18日颁布，2022年1月1日最新修订 | 是 |
| 40 | 南非 | 《南非碳税法》 | 2019年5月23日颁布，2019年6月1日起施行，共经历五次修订。2022年1月19日是最新修订版本 | 否 |
| 41 | 尼日利亚 | 《尼日利亚气候变化法》 | 2021年颁布 | 是 |
| 42 | 加拿大 | 《加拿大净零排放责任法》 | 2021年6月29日生效 | 否 |

续表

| 序号 | 国家/地区 | 法律名称 | 制定或修订时间 | 是否为气候法 |
|---|---|---|---|---|
| 43 | 美国 | 《美国加州全球温室效应治理法案》 | 2006年9月27日生效 | 是 |
| 44 | | 《美国纽约97号法》 | 2019年生效 | 否 |
| 45 | | 《通胀削减法案》 | 2022年8月16日颁布 | 否 |
| 46 | | 《基础设施投资和就业法案》 | 2021年11月15日颁布 | 否 |
| 47 | 墨西哥 | 《墨西哥气候变化基本法》 | 2012年6月6日颁布，于颁布90个工作日后生效。先后于2014年、2015年、2016年、2018年、2020年等共进行过10次修订。2020年11月6日为最新修订 | 是 |
| 48 | 哥伦比亚 | 《气候行动法》 | 2021年12月22日颁布 | 是 |
| 49 | 秘鲁 | 《秘鲁气候变化框架法》 | 2018年4月17日颁布 | 是 |
| 50 | 巴拉圭 | 《巴拉圭国家气候变化法》 | 2019年3月20日颁布 | 是 |
| 51 | 智利 | 《气候变化框架法》 | 2022年6月13日颁布 | 是 |
| 52 | 阿根廷 | 《阿根廷适应和减缓全球气候变化最小预算法》 | 2019年12月19日颁布 | 是 |
| 53 | 危地马拉 | 《危地马拉为规范降低脆弱性、适应气候变化、减少温室气体的框架法》 | 2013年10月4日颁布 | 是 |
| 54 | 洪都拉斯 | 《洪都拉斯气候变化法》 | 2014年11月10日颁布 | 是 |
| 55 | 尼加拉瓜 | 《尼加拉瓜关于制定气候变化减缓和适应政策及建立国家气候变化响应体系法令》 | 2019年2月11日颁布 | 是 |
| 56 | 波多黎各 | 《波多黎各气候变化减缓、适应和抵御法》 | 2019年7月1日颁布 | 是 |

第九章

# 建设支持碳达峰碳中和的标准体系

## 一、碳达峰碳中和相关标准体系建设现状

标准体系建设是碳达峰碳中和工作的关键基础设施之一。我国碳达峰碳中和工作领导小组第一次全体会议提出，当前要围绕推动产业结构优化、推进能源结构调整、支持绿色低碳技术研发推广、完善绿色低碳政策体系、健全法律法规和标准体系等，研究提出有针对性和可操作性的政策举措。

### （一）国内碳达峰碳中和相关标准体系现状

我国现有相关标准中，涉及石油、天然气、煤炭、电力等传统能源国家标准 928 项、行业标准 6129 项；涉及节能、可再生能源、碳排放管理等多个领域的国家标准 992 项、行业标准 710 项、地方标准 1909 项。

温室气体排放核算和评估领域，已发布国家标准 16 项，包括《工业企业温室气体排放核算和报告通则》（GB/T 32150–2015）和发电、电网、钢铁、化工、电解铝、镁冶炼、平板玻璃、水泥、陶瓷、民航、煤炭、纺织等 12 个行业温室气体排放核算与报告要求标准（GB/T 32151.1 ~ 12），以及《基于项目的温室气体减排量评估技术规范通用要求》（GB/T 33760–2017）等 3 项项目减排量评估类标准。正在制修订的标准有 32 项。截至

2020 年底，已完成报批稿 28 项，其中 15 项为重点行业温室气体排放核算与报告类标准，4 项为行业单位产品碳排放限额类标准，2 项是温室气体排放审定核查机构和人员要求类标准，1 项为基于项目的减排量评估类标准，1 项为低碳企业评价类标准，5 项为修订之前的已发布核算类标准。

低碳零碳能源利用领域涉及多种技术类别，本文选取 5 类具有国际标准方面优势的技术种类的标准制定工作进行介绍。

**1. 太阳能热利用领域**

现行国家标准共 42 项，在研已报批 6 项，涵盖太阳能热水系统、太阳房、太阳灶、太阳能产品、太阳能集热器、太阳能元件等太阳能热利用的术语，设备及系统的技术要求、试验测试方法、安装验收、性能评价等方面。

**2. 氢能领域**

根据氢能产业链布局情况，以氢作为能源的标准体系框架包括基础与通用、氢安全、氢制备、氢储存、氢输运、氢加注、氢能应用等 7 个子体系。我国已制定国家标准 98 项、行业标准 35 项，涵盖制氢、储氢、氢输运、加氢站、燃料电池、燃料电池汽车、燃料电池备用电源、便携式燃料电池发电系统、固定式燃料电池发电系统等方面。

**3. 生物质领域**

我国已制定 85 项国家标准、163 项行业标准，涵盖生活垃圾焚烧发电、农林生物质热电、清洁供热、生物天然气、液体燃料、成型燃料等。由于产业发展不平衡，领域分支标准化水平参差不齐，生物质成型燃料、沼气（生物天然气）行业标准相对较全面，燃料乙醇和生物柴油、农林生物质综合回收利用、生物质供热发电、生物质气化等领域分支标准尚待完善。

**4. 循环经济（资源综合利用）领域**

我国现行标准共计 1755 项，其中国家标准 390 项、行业标准 376 项、地方标准 618 项、团体标准 371 项，涵盖基础标准、工业“三废”综合利用、生活垃圾综合利用、建筑垃圾综合利用、农业废弃物综合利用等，基本涵盖了资源综合利用的各类对象。

**5. 节能领域**

国家层面的节能标准已有 388 项、行业标准 994 项、地方标准 1536 项。节能标准体系由基础共性、目标要求、设计、建设、运行、评估、优化等 7 个子体系构成。其中目标要求子体系已经发布实施了强制性单位产品能耗限额标准 111 项，强制性终端用能产品能效标准 73 项，基本实现了主要高耗能行业和重点用能产品的全面覆盖，空调、电动机产品能效指标和火电等能耗指标达到国际先进水平。此外，推荐性节能标准已经发布了基础共性国家标准 10 项，能源计量器具配备国家标准 14 项，重点用能设备和系统经济运行国家标准 13 项，重点用能设备和系统节能监测国家标准 25 项，节能测试和计算方法 21 项，节能评估国家标准 25 项，能源管理体系国家标准 20 项，以及余能和新能源利用、能量优化等方面的国家标准 14 项，节能市场化机制等方面的系列标准，形成了较为完善的节能标准体系。

碳捕集、利用与封存（CCUS）涉及捕集、运输、利用和封存阶段等多个环节，除正在制定 1 项国家标准、已发布 7 项行业标准，正在制定一些团体标准外，在基础方法、技术推广、项目建设与管理、监测、风险管理等多个环节的标准还处于尚待完善的状态，CCUS 技术的接受和项目推广应用亟须标准的支撑。

与低碳发展相关的环保产业领域，已发布标准 4500 余项，涵盖水、气、固废污染防治、环境修复、环保服务等领域，其中国家标准 920 余项、行业标准 1600 余项、团体标准 100 余项、企业标准 1500 余项。

### （二）国际碳达峰碳中和相关标准情况

据国际标准化组织（ISO）的统计，在其 23574 项标准中，支持应对气候变化的国际标准已达到 732 项。ISO 环境管理技术委员会温室气体和气候变化管理及相关分技术委员会（ISO/TC 207/SC 7）已发布国际标准 16 项，正在组织制定 4 项，其中包括了减缓和适应 2 类标准。除 3 项适应类标准外，其余均为减缓类标准，覆盖了温室气体量化、报告、审定和核查相关标准及碳足迹、绿色金融及气候金融等方面的标准，并正在推动制定国际社会高度关注的"碳中和及相关声明 实现温室气体中和的要求与原则"（ISO 14068）国际标准。国际标准化组织二氧化碳捕集、运输与地质封存技术委员会（ISO/TC 265）已发布国际标准 12 项，正在组织制定 7 项，主要包括捕集、运输、地质封存、量化验证等 CCUS 方面的国际标准。国际标准化组织能源管理和能源节约技术委员会（ISO/TC 301）已发布国际标准 20 项，正在组织制定 5 项，主要包括能源管理体系、节能量评估、能源绩效评估、能源审计等节能方面的国际标准，其中能源管理体系标准（ISO 50001）是各国广泛采用的重要节能标准。

## 二、碳达峰碳中和相关标准体系建设存在的问题

与碳达峰碳中和工作的迫切需求相比，全面覆盖、统筹协调的标准体系尚未真正建立，标准存在关键短板。

### （一）节能、减污、降碳方面的标准缺乏整合和有效协调

节能、减污、降碳相关标准制定和实施涉及市场监管、生态环境、发展改革、工业和信息化、住房和城乡建设、交通、能源、商务、农业农村等多个部门，且包括国家、行业、地方、团体标准等多个层级。国家标准

化管理委员会在2022年成立了多部门、多行业专家组成的“国家碳达峰碳中和标准化总体组”，在成立之初审议了“双碳”标准立项建议，在此基础上，国家标准化管理委员会发布了首批72项国家标准立项计划；但其在统筹国家和行业标准制定方面的作用尚未充分发挥出来，存在已有国家标准、行业标准重复交叉制定的问题。例如，除碳排放管理国家标准外，还存在能源、建材、化工、石化等行业标准及多个地方的标准。标准多头产出造成内容不协调、核算结果不互认、核算信息系统重复建设，市场主体无所适从。

### （二）全覆盖的标准体系尚未建成

尽管在节能低碳标准体系建设方面取得了重要进展，但还存在重点领域、重点环节的关键标准缺失等问题。例如，除碳核算标准外，碳清除、循环利用相关标准为空白。此外，可再生能源相关行业标准仅占全部能源行业标准的14%。煤炭领域现有国家标准303项，而氢能领域仅有27项。现有标准仍不能满足推进可再生能源替代的需求。由于缺乏标准规范，市场主体滥用误用相关概念极易成为国际批评的“漂绿”，即夸大宣传绿色低碳行动误导公众的行为。

### （三）部分标准先进性不足

国际社会对碳中和有高度共识的方面是首先应最大程度减少排放，在穷尽减排手段后才能采取购买减排量等抵消措施，坚决反对边排放边抵消。强制性能效能耗标准能够有效衡量企业减排努力程度，引导企业练好内功，实现提质增效。但由于公共资金投入分散，我国对单个标准支持经费仅有3万～4万美元，而美国能源部对每项强制性能效标准研究经费的投入为200万～300万美元。投入不足、研究基础薄弱造成部分标准无法设定国际领跑的技术指标，难以引领产业加快转型。据报道，2021 年 2 月以来国内已落地 16 笔 206 亿元“碳中和”债券。但根据已披露的信息，其只是符合一般绿色债券的要求，与碳中和的严格要求还有很大差距。

### （四）标准与政策的衔接有待强化

标准制定的滞后会带来政策支持不精准、操作性不强等问题。例如，碳捕集、利用与封存（CCUS）技术是国际公认的碳减排关键技术。2013 年，国家发展改革委发布《关于推动碳捕集、利用和封存试验示范的通知》，推动碳捕集、利用与封存试验示范，至今已建成多套 10 万吨级以上捕集示范装置，并完成了 10 万吨陆上咸水层地质封存示范。目前本领域仅发布《烟气二氧化碳捕集纯化工程设计标准》（GB/T 51316–2018）一项国家标准，正在制定《二氧化碳捕集、输送和地质封存 管道输送系统》《焊接烟尘捕获和分离设备 第 3 部分：焊枪上烟尘提取装置捕集效率的测定》《火力发电厂烟气二氧化碳捕集系统能耗测定技术规范》《碳捕集、利用与封存（CCUS）项目温室气体减排量化和核查技术规范》等四项国家标准，一些政策亟须相关标准出台予以支撑，以早日实现前沿技术产业化，抢占市场先机。

### （五）国内标准与国际标准协调有待进一步细化

与开展温室气体核算起步较早的英、美等国相比，尽管我国在碳排放核算体系建设上已取得了一定进展，例如，中方专家牵头 5 项碳排放管理国际标准的制修订工作，独立承担其中 2 项；又如，碳排放核算系列国家标准制定遵照政府间气候变化专门委员会（IPCC）和我国省级温室气体清单指南原则以及 ISO 14064–1 等国际标准量化与报告原则制定，在国家发展改革委的指导下，针对具体行业进行了细化，兼具操作性，但总体而言仍处于“跟跑”和“并跑”阶段。从实践看，由于缺少基础统计数据库，我国相关温室气体排放因子基础数据主要从统计年鉴中获取，为此，国际社会在讨论中国碳排放情况以及应当承担的减排责任时，通常援引国际能源署、部分发达国家实验室二氧化碳信息分析中心等机构发布的中国碳排放核算结果。相关研究表明，在基础数据获取困难、透明度较低的情况下，这些数据库在活动水平数据及排放因子的选择上相对粗糙，对中国碳排放核算结果往往存在着高估，与中国官方公布的数据也存在较大误差，降低了我国碳核算结果的可信度。

## 三、建设碳达峰碳中和标准体系的建议

为了实现碳达峰碳中和工作的规范化，按照《中共中央 国务院关于完整准确全面贯彻新发展理念做好碳达峰碳中和工作的意见》，2021—2060年，要完善标准计量体系，包括建立健全碳达峰、碳中和标准计量体系。加快节能标准更新升级，抓紧修订一批能耗限额、产品设备能效强制性国家标准和工程建设标准，提升重点产品能耗限额要求，扩大能耗限额标准覆盖范围，完善能源核算、检测认证、评估、审计等配套标准。加快完善地区、行业、企业、产品等碳排放核查核算报告标准，建立统一规范的碳核算体系；制定重点行业和产品温室气体排放标准，完善低碳产品标准标识制度；积极参与相关国际标准制定，加强标准的国际衔接。按照《2030年前碳达峰行动方案》的要求，在2021—2030年，要加快节能标准更新，修订一批能耗限额、产品设备能效强制性国家标准和工程建设标准，提高节能降碳要求。健全可再生能源标准体系，加快相关领域标准制修订；建立健全氢制、储、输、用标准；完善工业绿色低碳标准体系；完善重点企

业碳排放核算、报告、核查等国家标准，探索建立重点产品全生命周期碳足迹标准；积极参与国际能效、低碳等标准制修订，加强与国际标准的协调。具体来讲，以问题和目标为导向全面构建支撑碳达峰碳中和的标准体系，要重点做好以下几个方面的工作。

### （一）完善碳达峰碳中和相关标准的协调统筹机制

在国务院标准化协调推进部际联席会议制度下建立碳达峰碳中和标准协调工作组，充分发挥“国家碳达峰碳中和标准化总体组”的作用，有效解决国家标准间、国家标准与部门规章间交叉、重复和矛盾的问题，以及国标和行标交叉重复的问题，以避免资源和时间的浪费。建议由国家发展改革委和国家市场监管总局联合牵头，生态环境、工业和信息化、住房和城乡建设、交通、能源、商务、农业农村等多个部门参与，加强各部门的协同联动，创新工作机制，统筹节能、减污、降碳领域国家标准立项和审查，解决标准不统一与重复制定等问题，以确保标准一致性、适用性和及时性。整体规划碳达峰碳中和国家标准、行业标准、地方标准、团体标准的衔接配套关系和标准制修订工作。

### （二）整体规划构建支持碳达峰碳中和的标准体系

#### 1. 构建全覆盖、多维度、多层次的碳达峰碳中和标准体系

标准体系涵盖能源、工业、建筑、交通、农业、林草、金融、商务、公共机构、居民生活等各方面，实现碳排放重点行业和领域全覆盖。从不同维度构建和优化标准体系。一是目标、管理、评估、技术的全流程维度；二是基础共性、碳减排、协同降碳、碳清除、市场化机制的技术路径维度；三是针对国家、地区、园区、组织、产品的不同对象的维度。标准

体系涵盖国家标准、行业标准、地方标准、团体标准、企业标准，多层次的各类标准合力支持碳达峰碳中和的标准体系构建。

图 9–1 展示了全覆盖、多维度、多层次的碳达峰碳中和标准体系。图 9–2 是重点以碳达峰碳中和技术路径维度出发的标准体系，包括基础共性、碳减排、碳清除、市场化机制。碳减排涵盖节能、化石能源清洁利用、资源循环利用等标准；碳清除涵盖生态系统固碳和增汇、直接空气碳捕集和储存等标准；市场化机制涵盖绿色金融、碳排放交易、生态产品价值实现等标准。

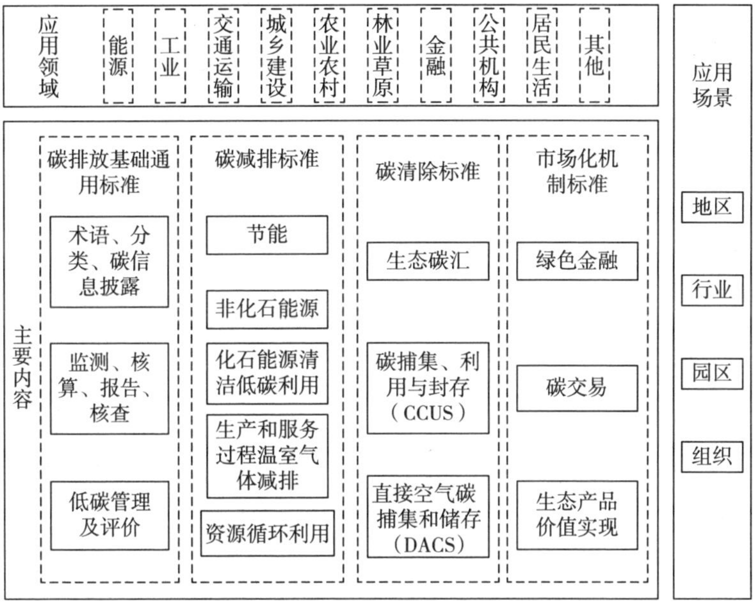


**图9-1　全覆盖、多维度、多层次的碳达峰碳中和标准体系**

资料来源：关于印发《建立健全碳达峰碳中和标准计量体系实施方案的通知》（国市监计量发〔2022〕92号）。

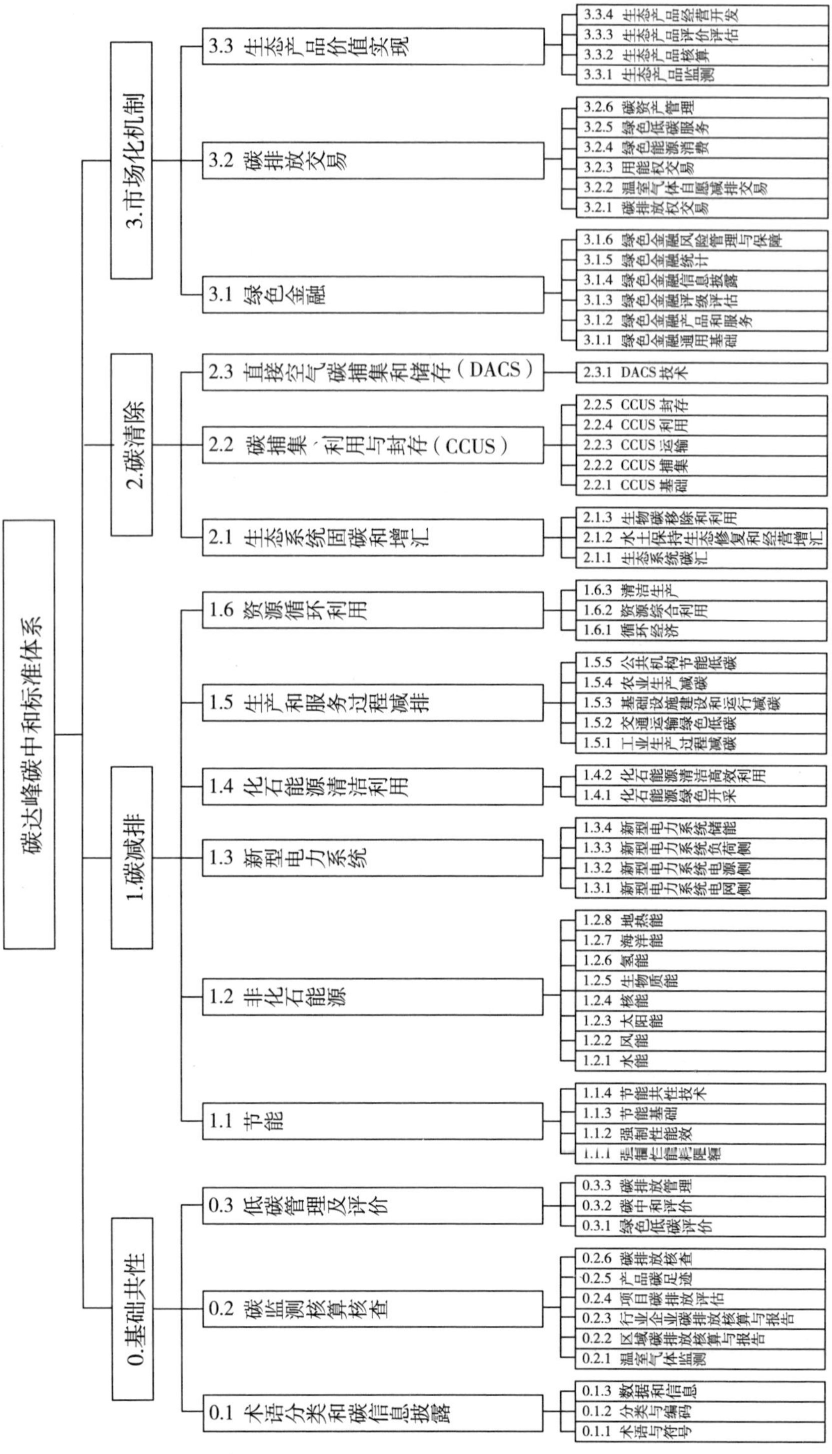


**图9-2 以碳达峰碳中和技术路径维度出发的标准体系**

资料来源：《关于印发〈碳达峰碳中和标准体系建设指南〉的通知》（国标委联〔2023〕19号）。

### 2. 构建碳达峰碳中和国家标准体系

国家标准重点覆盖基础通用、目标引领、方法指南、管理评估、市场化机制、国际标准转化等领域，体现公益性、跨行业领域实施的特点，以及节能、减污、降碳协同的要求，重点包括强制性能效和能耗限额、能源管理体系、企业碳排放核算核查、项目碳减排和产品碳足迹的量化、低碳评估、碳排放交易、碳汇和 CCUS 相关管理、技术、方法等标准，发挥国家标准的规范引领作用，支撑碳达峰碳中和相关政策措施的有效实施。

### 3. 建立和完善行业标准

能源、工业、建筑、交通、农业、林草、金融、商务、公共机构等行业，加快重点行业包括专有的关键低碳和碳清除技术、行业应用、碳排放监测等标准的制订，加快促进行业节能降碳的步伐，支持有条件的行业率先实现碳达峰节能标准更新，修订一批能耗限额、产品设备能效强制性国家标准和工程建设标准，提升重点产品的节能降碳要求，扩大能耗限额标准覆盖范围，完善能源核算、检测认证、评估、审计等配套标准。健全可再生能源标准体系，加快相关领域标准制修订。建立健全氢制、储、输、用标准，完善工业绿色低碳标准体系，建立重点企业碳排放核算、报告、核查等标准，探索建立重点产品全生命周期碳足迹标准。

### 4. 建立和完善地方标准

结合我国区域自然资源禀赋、技术水平、经济发展程度存在差异的基本国情，重点覆盖区域特有行业、产业的碳排放管理、低碳技术、碳达峰碳中和的路径、市场化机制，以及各类园区绿色低碳管理等方面，构建和完善符合区域特点的地方标准体系，大力推动标准试点示范，更有效支持地方开展碳达峰碳中和工作。

### 5. 建立和完善团体标准

结合市场需求，制定和完善具有行业影响力、高质量的团体标准，以创新前沿节能低碳技术、新能源技术、负碳技术等重点，如生物质发电、零碳制氢、新型储能、二氧化碳捕集和利用技术等，加大对相关团体标准的监测评估，增加标准供给的同时确保程序规范、内容协调。

**6. 鼓励制定企业标准**

制定高水平的低碳产品、技术、服务领域的企业标准，鼓励企业争做企业标准“领跑者”，提高企业的标准化意识，加快专利技术向技术标准转化，发挥标准的桥梁作用，以标准引领促进质量提升、技术创新，提高企业竞争力，降低企业碳排放，减少碳足迹。

### （三）加大标准研制投入，大幅提高标准水平

碳达峰碳中和相关标准属于外部性很强的公益性标准，若仅依靠市场推动，则存在着进度慢、利益冲突等问题。建议参考环境污染防治等标准专项经费支持模式，建立碳达峰碳中和重点领域标准的财政专项经费支持机制。加大政府主导制定标准的财政资金投入力度，在 2025 年前制定一批国际领跑的强制性能效能耗标准，倒逼和引领产业加快绿色低碳转型，特别是在下述两方面加大重点投入。加快制定氢能、太阳能、储能、微电网、多能互补、CCUS 等重大绿色低碳技术推广应用急需的标准，支持产业跨越发展，抢占国际先机，形成一批高水平的碳达峰碳中和关键技术标准。同时针对市场自主制定的标准鼓励开展第三方评估，评选团标“领跑者”、企标“领跑者”，促进政府主导和市场自主制定的标准协同发展。

### （四）强化标准与政策的同步和衔接

根据强制性标准和推荐性标准的不同属性，进一步优化碳达峰碳中和政策采信标准的工作机制，确保政策和标准同步推出，防止标准缺失造成政策空转。探索政策中采信团体标准、“领跑者”标准等非政府标准的新

型标准实施模式。开展碳达峰碳中和有关标准的制定和实施情况的统计调查和分析评估，针对政策实施需求，及时立项研制相关缺失标准，促进标准与政策的同步和衔接。

### （五）重视与国际标准接轨

开展碳达峰碳中和领域国际先进标准对标研究。实质性参与国际能效、低碳等标准（包括碳排放核算、碳汇以及碳捕集、利用与封存等领域的国际标准）的研制与制修订工作；在符合国情的基础上，加快普遍认可的先进国际标准的转化，积极参与国际标准的协调工作。加大对国际标准化人员培养和中国机构参与国际标准化工作的激励。支持中国机构牵头制定区域标准、国际团体标准等新型国际标准，更主动地将中国智慧、中国方案上升为国际标准，提升绿色低碳转型的主导权和话语权。

第十章

# 建立和完善碳排放政府监管体系

碳排放政府监管体系是实现碳达峰碳中和的基础性制度。“十一五”以来，我国先后实施单位 GDP 能耗和碳排放强度下降目标责任考核制度，初步形成了以能耗监管为核心的碳排放政府监管体系。随着“双碳”目标纳入生态文明建设整体布局，各项降碳减污、绿色发展行动计划相继推出，为进一步完善碳排放政府监管体系提出了更高、更急迫的要求。

## 一、碳排放政府监管体系的基本框架

参照政府监管体系的一般分析框架[①②]，碳排放政府监管体系包括监管的法律依据、组织体系与职能配置、监管工具、决策工具、问责机制、监管能力等六个方面的内容。监管的法律依据是碳排监管的法律法规和政策依据，包括相关立法、国家碳排放目标等。组织体系与职能配置是指依法依规履行碳排放监管职能的相关政府机构以及各部门、各级政府的职能分工。监管工具是监管机构履行监管职责的手段，既包含“命令—控制类”行政手段，也包括市场化经济激励。决策工具用来支撑监管政策的制定，作为政策制定和

① Lester Salamon：The Tools of Government: A Guide to the New Governance, Oxford University Press, 2022.

② [美]罗伯特·鲍德温，马丁·凯夫，马丁·洛奇：《牛津规制手册》，上海三联书店2017年版。

执行过程中的一个重要程序，包括监管影响分析制度（RIA）等。问责机制是监管体系有效运行的重要制度安排，核心是对监管者进行监督，包括中国特色的目标责任制以及督察问责制度等。监管能力是监管机构依法履行监管职能的人、财、物的保障能力，以及碳排放的监测、统计核算、核查能力等（见表 10–1）。政府对碳排放的监管往往涉及事前、事中和事后各环节。

**表10-1　碳排放政府监管体系的基本框架**

| 维度 | 主要内容及意义 | 评价标准 |
|---|---|---|
| 法律依据 | 监管立法，与碳排放监管有关的法律法规；监管体系权责规定；国家碳排放目标；等 | 立法是否完备<br>能否满足监管需要 |
| 组织体系与职能配置 | 横向层面：相关部门碳排放相关的职能配置；纵向层面：中央层级碳排放监管机构与地方各级监管机构之间的权责关系 | 部门之间的权责是否清晰<br>是否存在监管缺位 |
| 监管工具 | 监管执法的程序，行政执法的处罚手段（例如守法监测、执行、守法促进）；“命令—控制类”监管工具；市场化监管工具（例如碳市场）；行政执法与刑事司法有效衔接 | 工具是否完备、有效<br>工具之间是否协同<br>监管事前、事中和事后衔接 |
| 决策工具 | 碳排放监管政策事前、事中和事后评估机制；监管影响分析（RIA）制度，碳排放监管工作的政府绩效评估 | 决策工具是否完备、科学 |
| 问责机制 | 行政问责、民事追责；碳减排目标责任与考核制度（干部考核制度）；碳减排督察制度 | 监管体系是否具备可问责性 |
| 监管能力 | 人员编制；技术装备；碳排放监测、统计核算制度；第三方服务机构 | 监管能力能否支撑监管工作 |

资料来源：课题组根据相关资料整理。

## 二、我国已初步建立跨部门的碳排放政府监管体系

### （一）碳排放监管职能分散于多个部门

2007 年国务院设立应对气候变化与节能减排工作的专门议事协调机构——国家应对气候变化及节能减排工作领导小组，办公室设在国家发展改革委。2021 年 5 月，国务院成立碳达峰碳中和工作领导小组，办公室设

在国家发展改革委。这两个工作领导小组负责研究制定国家碳排放和应对气候变化的重大战略、方针和对策，统一部署“双碳”战略和应对气候变化工作。在中央部委层面，碳排放监管职能主要由国家发展改革委（国家能源局）和生态环境部等部门承担。工信部、住房和城乡建设部、交通运输部、自然资源部、科技部、国家统计局等部门承担各自分管业务范围内与碳排放监管相关的职能。例如，工信部负责工业绿色发展规划、工业节能减排、制定产业政策和标准；住房和城乡建设部负责建筑节能、城镇减排；交通运输部负责交通运输行业节能减排；自然资源部负责自然资源节约、集约利用，以及生态系统保护修复等；国家统计局负责宏观层面的碳排放数据统计和核算等[①]（见表 10–2）。

**表10-2　“双碳”目标下建构中的碳排放政府监管体系**

| 要件 | 既有的以节能管理为主的监管体系 | 建构和发展中的碳排放监管体系 |
|---|---|---|
| 监管主体 | 节能主管部门（发展改革部门、工信部门）；节能监察体系；<br>行业主管部门（能源、建筑、交通、农业等） | 生态环境部门（2018年机构改革后，承接应对气候变化职能） |
| 监管对象 | 工业（重点用能单位）、能源、建筑、交通、农业 | 率先监管全国碳市场覆盖的电力行业排放单位 |
| 监管内容 | 微观主体能源生产与用能情况（能源利用情况、节能措施落实情况、使用国家明令淘汰用能设备情况、能源消耗限额标准落实情况、煤炭利用情况、能源利用效率等） | 微观主体碳排放情况 |
| 监管工具 | 能效标准；<br>节能审查（能评）；碳排放权交易试点；能效领跑者；<br>合同能源管理；<br>对煤炭等高碳化石能源的限制；可再生能源电力配额制；<br>经济类政策 | 能耗双控逐步转向碳排放双控；<br>碳市场相关信息报送；<br>上市公司碳信息披露；<br>碳排放纳入环境影响评价；<br>碳排放纳入生态环境监管执法 |

① 各部门涉及碳排放监管的职能及调整，参考各部门“三定”方案和官网职能介绍。

续表

| 要件 | 既有的以节能管理为主的监管体系 | 建构和发展中的碳排放监管体系 |
|---|---|---|
| 监管依据 | 《中华人民共和国节约能源法》；<br>《固定资产投资项目节能审查办法》；<br>《节能监察办法》；<br>国家能耗目标（能耗双控） | 与低碳相关的法律法规正在研究中；<br>碳市场管理办法；<br>碳排放数据质量管理规定 |

注：本研究不考虑碳汇问题。

资料来源：课题组根据相关资料整理。

### （二）碳排放监管政策工具不断创新

随着国家对节能降碳工作重视程度的不断提升，与碳排放相关的政府监管政策工具持续完善。一是“命令—控制类”政策工具，主要涵盖工业、建筑、能源、交通等重点领域的能耗标准、能评、可再生能源配额制等，在推动地方和行业低碳发展过程中发挥了重要作用。二是经济激励类政策，如能效领跑者、合同能源管理、可再生能源补贴等政策工具不断完善。三是碳交易体系正在加快构建，2011 年碳交易试点工作启动，北京、天津、上海、广东等省市碳排放权交易试点为全国碳市场建设积累了一定的经验。2021 年 7 月，全国碳排放权交易市场启动上线交易。此外，绿色产品标识制度、碳标签等绿色低碳消费政策也在探索中。总体来看，我国碳排放监管的相关政策工具量大面广，在过去以节能降耗等绿色发展政策的基础上，以碳排放为直接管控对象的政策工具也在实践中日益丰富和完善。

### （三）碳排放目标责任制成为碳排放政府监管体系的重要组成部分

中国特色的生态环保目标责任制是推动碳排放监管体系有效运行的基础性制度安排。依靠约束性指标驱动是我国环境监管的重要特征[①]。中央在

① 黄冬娅，杨大力：“考核式监管的运行与困境：基于主要污染物总量减排考核的分析”，载《政治学研究》，2016年第4期，第101–112、128页。

国民经济和社会发展五年规划中设定约束性能耗强度和碳强度下降目标，依据各省份发展阶段、资源禀赋、战略定位、生态环保等因素，分类确定各省份相应指标下降目标。如此形成了中央政府负责制定全国目标，并将其分解到各个省份，对各省份进行相应的监督和考核工作；省级政府承担属地责任，将省级目标再进一步分解到下辖的地级市，并对各市进行监督和考核；依此类推，市级政府再将目标分解到所属的各区县。地方各级人民政府均对本行政区域节能减排工作负总责，需要把相关指标完成情况纳入各地经济社会发展综合评价体系，作为政府领导干部综合考核评价和企业负责人业绩考核的重要内容，并实行问责制和“一票否决”制，形成“一级抓一级、层层抓落实”的政策落实机制。“十一五”到“十三五”，节能和降碳目标责任分解考核逐步完善，成为我国碳排放目标政府监管的重要制度安排。

## 三、我国碳排放政府监管体系存在的问题

### （一）法律法规体系不完善，难以支撑碳排放监管

目前，国家层面尚无与碳排放直接相关的专门立法，相关法律法规散布于生态环境保护、能源节约和循环经济等法律，以及碳排放统计核算、低碳发展、节能减排、碳排放权交易等法规和部门规章中，缺乏直接针对碳排放监管的立法。现有的碳排放法律法规整体出现了明显的“软约束”“滞后性”等特征，无法支撑有效的碳排放监管。例如，对企业设置碳排放总量缺乏法律依据，有关控制碳排放的法律多以间接方式控制总量。以生态环境部颁布的《碳排放权交易管理办法（试行）》，是当前全国碳排放权交易市场的法律基础，但更高位阶的“碳排放权交易管理暂行条例”仍未出台。

### （二）监管职责分散，跨部门协同问题开始出现

2018 年党和国家机构改革后，新组建的生态环境部划转了国家发展改革委的应对气候变化职责。在“双碳”目标下，生态环境部门正加快碳排放监管体系和能力建设。当前，节能主管部门和碳排放监管相关部门分别依据“能耗”“碳交易”约束性要求履行监管职能，由于能源消费与碳排放之间的紧密联系，事实上形成“双头”监管。首先，国家发展改革委开展固定资产投资节能审查，生态环境部在“双碳”目标提出后将碳排放纳入环境影响评价体系，相当于在准入环节形成了两个高度相关的平行监管体系。其次，各级节能管理部门、节能监察机构对重点用能单位履行日常节能监管，生态环境部门开始对高排放单位（重点用能单位）碳排放进行事中事后监管执法，两者在部分环节存在一定程度的重复监管。此外，用能权交易与碳排放权交易之间存在重叠，也容易产生交叉监管。

### （三）碳减排市场化机制有待完善

市场化机制有效运行有一系列苛刻条件，对法制环境、政府监管水平、机构专业度、市场成熟度、公平透明度等有较高要求。发展中国家能否有效采用市场化减排政策工具一直存在较大争议。从实践来看，无论是常规污染减排还是碳减排，发展中国家鲜有大规模应用市场化环境政策工具的经验。即便是发达国家，碳市场、碳税等市场手段的有效性也存在不确定性。我国碳排放权交易市场自 2011 年启动地方试点，至 2021 年 7 月全国碳市场启动上线交易，已经成为全球覆盖排放规模最大的碳市场。经过十余年的持续建设，形成了较为系统的基础设施、初步成形的制度体系、一定规模的市场主体和人才储备，具备进一步深化发展成为具有全球影响力的碳市场的条件。然而，我国碳市场仍处于初级阶段，还存在诸多短板和发展障碍。市场交易规模总体较小，定价机制并不完善，市场功

能尚未完全建立起来，还不能充分发挥优化资源配置、提升减排效率的作用，市场规模和影响力与中国在国际应对气候变化领域的重要地位还不相称。

### （四）能耗双控固化了行政主导的降碳方式，难以与市场化降碳机制有效协同

“十一五”以来，逐渐强化的能耗强度及总量控制目标责任制事实上成为推动碳排放监管有效运行的重要实施机制，是保障国家碳减排目标实现的重要制度安排。在政府相关机构对微观主体实施监管过程中，自上而下的能耗指标是重点用能单位（高排放单位）准入环节节能审查的监管依据。经过“十一五”至“十三五”三个五年规划，实施能源消费管控推动了单位 GDP 能耗强度大幅下降，但已难以适应中长期市场化降碳机制建设的需要。一方面，能源（碳排放）与经济增长的耦合度高，以层层分解为特征的双控制度缺乏弹性适度的调节机制，在产生矛盾时，只能通过危机倒逼“松绑”的方式来解决，付出的社会成本高。另一方面，全国碳市场正在逐步推进中，目前按行政区域层层分解落实能耗指标的方式会阻碍碳排放权跨区域流动，从而影响碳市场的有效运行。

### （五）碳排放监管能力薄弱，相关部门之间尚未形成监管合力

一方面，既有的节能监察体系监管能力不足。节能审查涉及的行业广，专业技术能力要求高，难以制度化、常态化地开展节能审查等监管工作。特别是“放管服”改革后，70% 以上需要开展节能审查的项目由地市及区县负责，基层的监管能力难以承接相应的监管职能。另一方面，生态环境部门承接应对气候变化职责后，正从事前、事中、事后环节探索建

立健全碳排放监管体系。但是，各级生态环境部门要实现对碳排放有效监管尚需要一个干中学的能力建设过程，所以从近中期加强碳排放监管能力看，通过对既有的节能管理体系进一步赋能可强化其碳排放监管能力，但如何形成监管合力尚面临挑战。此外，碳排放统计核算制度和监测体系还不健全，制约碳市场扩容发展。

## 四、建立和完善碳排放政府监管体系的建议

### （一）进一步明晰相关部门职责，优化碳排放监管职责配置

适度整合碳排放监管职责。根据部门相关职责分工和监管能力，通过修订相关法律法规，制定减排监管责任清单，明晰各级节能主管部门、节能监察体系、行业主管部门、生态环境保护部门在工业、能源、建筑、交通、农业等各领域事前、事中、事后监管的职能配置和分工，明确权责范围与边界，确保监管内容和监管过程有效衔接。

### （二）优化碳排放监管“工具箱”，加强监管工具和程序的协同

在准入环节，理顺能耗指标、节能审查（能评）、碳排放环境影响评价制度的关系，建立碳排放监管准入环节会商机制，保持政策的一致性。完善事前准入环节（审批）和事中、事后监管的衔接机制。进一步优化能耗双控制度，逐步转换到全国碳市场与行政区域碳排放弹性控制的方式，即逐步扩大碳市场覆盖范围，优化按行政区域分解考核能耗双控和碳排放双控指标。在推进碳减排市场机制中，以碳市场为核心政策工具，逐步统筹用能权、节能量交易等政策工具。加强研究碳税方案，作为碳减排市场化机制的政策储备。

### （三）统筹能耗、碳排放目标责任体系，优化问责机制

强烈的政治意愿和自上而下的目标责任制是驱动碳减排工作的重要动力。完善碳排放监管实施机制，需要构建“松紧适度”的激励约束机制，在碳减排工作“不作为”和“过度作为”之间寻找平衡。参考发达国家在碳达峰前均未设置国家尺度碳排放总量控制的经验，在 2030 年前不宜设置国家尺度碳排放绝对量约束性指标。统筹整合能耗双控和碳排放双控目标责任体系，保持目标责任体系的一致性。

### （四）健全碳减排政策评估机制，建立碳排放领域的监管影响分析制度

建立健全对碳减排政策事前、事中、事后评估机制，重点对碳达峰碳中和“1+N”政策开展事中、事后评估。借鉴国际经验，引入“成本—收益”分析、有效性分析等方法，探索建立监管影响分析制度。逐步建立跨部门协调机制，由政府综合部门、立法机构以及第三方机构联合开展监管影响分析。

### （五）全面加强碳排放监管能力建设，加强对第三方服务机构的培育和监管

加强各级节能监察体系和环境监管体系碳排放监管能力建设，配置相应的编制、经费、设备。完善重点用能单位碳排放监测体系，加强碳排放的监测、报告和核查，健全碳排放统计核算制度，完善跨部门信息共享机制。规范碳排放第三方监测、核算、核查的服务市场，支持专业服务机构、非营利组织的发展。建立碳排放监测和核查服务的信用体系，加强对第三方服务机构的监管，杜绝提供虚假信息等行为。

第十一章

# 完善碳排放统计核算制度

碳排放统计核算是做好碳达峰碳中和工作的重要基础，是制定政策、推动工作、开展考核、谈判履约的重要依据。当前我国碳排放统计核算在部分领域和环节取得积极进展，但与有效支撑碳达峰碳中和工作仍有不小差距。当前需认真贯彻落实中央对碳排放统计核算的决策部署，加快健全碳排放统计核算制度体系，提升碳排放数据质量，夯实碳达峰碳中和工作的数据基础。

## 一、碳排放统计核算是推进碳达峰碳中和的基础

碳排放统计核算用于监测和评估碳排放水平、跟踪减排行动以及评价碳减排成效，政府部门、排放企业和第三方机构，是碳排放统计的重要参与者。碳排放统计核算服务于政府政策制定和实施、服务于企业履行减排义务和低碳转型、服务于公众知情和践行绿色低碳生活。

### （一）支撑政策制定和实施

政府依靠碳排放数据，对排放主体实施碳排放监管，督促排放主体履行减排责任，从而实现政府的政策目标。在政策制定过程中，政府通过碳排放统计核算，评估当前的碳排放水平、趋势以及分布，掌握不同地区、行业、企业的碳排放状况，从而确定碳排放源和重点减排领域，为政府设

定减排目标和制定相应的减排政策提供依据，进而增强政策的针对性和可行性。在政策实施过程中，政府可以通过分析碳排放数据变化，监测和评估政策的实施效果，评估不同政策和措施对控制碳排放的成效，从而及时调整政策内容，优化政策组合，提高政策针对性。

### （二）支撑企业履行减排义务和实现低碳转型

碳排放统计核算为企业提供了重要的管理和决策支撑。一方面，碳排放统计核算帮助企业建立科学的数据收集和报告机制，使企业能够跟踪和报告自身减排进展，这是企业碳披露的基础，也为全社会监督企业减排提供了必要支撑。另一方面，碳排放统计核算能帮助企业全面了解自身的碳排放水平、来源和变化趋势，为企业设定减排目标和制定减排策略提供依据。企业可以根据自身碳排放特征，发现和评估自身的低碳转型机遇，制订相应的减排计划，包括采用清洁能源、优化生产工艺、实施节能改造等，提高能源利用效率，降低碳排放强度，实现低碳转型。同时，企业可通过准确的碳排放数据记录和报告向社会展示其为减排作出的努力和减排成效，树立可持续发展的负责任的社会形象，为企业赢得更多支持。

### （三）服务公众知情和践行低碳生活

一方面，碳排放统计核算为公众提供碳排放数据，包括不同地区、行业或企业的碳排放情况，增进公众对碳排放知识的了解，提高公众的低碳意识，推动公众支持和参与低碳转型；公众也可以通过碳标签等渠道获取低碳产品信息，有助于选择低碳消费。另一方面，碳排放统计核算为公众监督碳减排提供支撑。透明的碳排放数据使公众可以了解企业和政府的减排努力，公众可以通过监督和反馈的方式参与碳减排行动，督促企业和政府持续推动低碳发展。

### （四）支撑国际履约和争取话语权

完善的碳排放统计核算，需要采取与国际社会相兼容的核算标准规范体系，提升数据的国际可比性，增强本国碳排放数据的国际公信力。一方面，通过与国际社会共享准确可靠的碳排放数据，能够展示应对气候变化和推进碳达峰碳中和的努力和成效，树立负责任的大国形象。另一方面，碳排放统计核算为争取国际话语权提供了必要基础。准确的碳排放数据和透明的报告机制，是政府参与应对气候变化国际谈判的支撑。政府依据真实数据，提出符合本国实际情况的减排目标、政策主张及国际合作方案，履行减排义务，推动全球碳减排进程，进而逐步提升在国际气候谈判中的话语权。

## 二、中央对碳排放统计核算作出部署

我国碳排放统计核算制度自“十二五”开始逐步发展起来，特别是“双碳”目标提出后，中央对完善碳排放统计核算制度作出明确部署，陆续出台了碳排放统计核算相关政策，各部门职责分工进一步明确，部门协同性也在增强。

### （一）完善碳排放统计核算制度是生态文明决策部署的重要内容

党的十八大之前，国家对加快建立温室气体排放统计核算体系提出明确要求。例如，要求建立完善温室气体排放统计核算制度[①]，构建国家、地方、企业三级温室气体排放基础统计和核算工作体系[②]。党的十八大以来，我国加快推进生态文明建设，生态文明决策部署密集出台（见表 11-1），带动了温室气体统计核算制度的快速发展。特别是 2020 年 9 月 22 日我国向国际社会

① 2011年3月，《国民经济和社会发展第十二个五年规划纲要》。

② 国务院《“十二五”控制温室气体排放工作方案》（国发〔2011〕41号），2011年12月1日。

宣示碳达峰碳中和目标以来，随着碳达峰碳中和“1+N”政策体系的建立，碳排放统计核算作为碳达峰碳中和战略的实施基础也在多个领域得到全面推进（见附表 11-1）。2022 年党的二十大提出完善碳排放统计核算制度，这成为今后一段时期加快推动我国碳排放统计核算制度建设的关键战略部署。

**表11-1　党的十八大以来中央对碳排放统计核算的重大决策部署**

| 时间 | 政策文件 | 部署内容 |
|---|---|---|
| 2015年4月 | 《中共中央 国务院关于加快推进生态文明建设的意见》 | 加快推进对能源、温室气体等的统计监测核算能力建设 |
| 2015年9月 | 中共中央 国务院印发《生态文明体制改革总体方案》 | 进一步完善能源统计制度 |
| 2016年 | 《中华人民共和国国民经济和社会发展第十三个五年规划纲要》 | 实行重点单位碳排放报告、核查、核证管理制度，健全统计核算制度，完善碳排放标准体系 |
| 2021年9月 | 《中共中央 国务院关于完整准确全面贯彻新发展理念做好碳达峰碳中和工作的意见》 | 提升统计监测能力 |
| 2021年10月 | 国务院关于印发《2030年前碳达峰行动方案》的通知 | 建立统一规范的碳排放统计核算体系，包括加强能力建设、深化核算方法研究、建立健全计量体系、推进实测技术发展、积极参与国际合作等 |
| 2021年11月 | 《中共中央 国务院关于深入打好污染防治攻坚战的意见》 | 补齐温室气体排放监测短板 |
| 2022年10月 | 习近平在中国共产党第二十次全国代表大会上的报告《高举中国特色社会主义伟大旗帜 为全面建设社会主义现代化国家而团结奋斗》 | 完善碳排放统计核算制度 |

资料来源：课题组根据相关政策资料整理。

## （二）各部门制定落实碳排放统计核算决策部署的方案和规章

各部门贯彻落实中央决策部署，依据本部门职责并协同其他相关部门，制定了工业、城乡建设、农业农村、减污降碳协同增效、有色金属行业、建材行业等重点领域重点行业的碳达峰实施方案，也制定了科技、财政、标准计量、国民教育等支撑碳达峰碳中和的保障方案。在这些方案中，都对建立健全碳排放统计核算体系提出了任务和要求（见附表 11–1）。特别是 2022 年 4 月，国家发展改革委、国家统计局、生态环境部印发《关于加快建立统一规范的碳排放统计核算体系实施方案》，明确提出建立全国及地方碳排放统计核算制度、完善行业企业碳排放核算机制、建立健全重点产品碳排放核算方法、完善国家温室气体清单编制机制等重点任务。这是我国建立健全碳排放统计核算制度的重要政策文件。2021 年 12 月，国家统计局将加强碳达峰碳中和统计核算纳入《"十四五"时期统计现代化改革规划》，持续加强碳排放统计核算能力建设。2020 年 12 月，生态环境部出台《碳排放权交易管理办法（试行）》，提出温室气体核算、报告、核查的相关要求。

### （三）初步明确碳排放统计核算的部门职责分工

依据《关于加快建立统一规范的碳排放统计核算体系实施方案》，到 2023 年基本建立职责清晰、分工明确、衔接顺畅的碳排放统计核算部门协作机制。在全国及地方碳排放统计核算方面，国家统计局负责统一制定全国及省级地区碳排放统计核算方法，组织开展全国及各省级地区年度碳排放总量核算。这主要是为了满足中央对地方碳减排任务考核的要求。在行业企业碳排放核算方面，由生态环境部、市场监管总局会同行业主管部门，组织制修订重点行业碳排放核算方法及相关国家标准，建立行业碳排放核算方法体系。在重点产品碳排放核算方面，由生态环境部会同行业主管部门研究制定重点行业产品的原材料、半成品和成品的碳排放核算方法。在国家温室气体清单编制方面，由生态环境部会同有关部门组织开展数据收集、报告撰写和国际审评等工作，按照履约要求编制国家温室气体排放清单。

### （四）碳排放统计核算相关技术指南初步建立

技术标准是开展碳排放统计核算的基础。在标准计量体系方面，2022

年市场监管总局等 9 部门印发了《建立健全碳达峰碳中和标准计量体系实施方案》，对统筹推进碳达峰碳中和标准计量体系建设提出实施方案。在排放因子方面，2013—2015 年，国家发展改革委在行业企业温室气体核算方法与报告指南中，发布了无烟煤、汽油、天然气等常见燃料，碳酸钙、碳酸钠等常见碳酸盐，以及交通运输、设备制造、化工生产等行业生产过程的温室气体排放因子。在区域性碳排放统计核算方面，2011 年国家发展改革委发布《省级温室气体清单编制指南》，为温室气体排放统计核算提供指南①。在行业企业温室气体排放核算方面，2022 年生态环境部针对发电行业专门出台《企业温室气体排放核算与报告指南 发电设施》；2016—2021 年，国家发展改革委、生态环境部陆续出台了八大行业的碳排放报告数据表；2013—2015 年，国家发展改革委分三批发布 24 个行业的企业温室气体排放核算方法与报告指南②③④。在重点产品碳排放核算方面，一些大型制造业企业、出口导向型企业为满足国际市场需求，制定了产品碳足迹核算方法，主要应用于企业内部⑤。

### （五）碳排放统计核算的财政和人才相关保障在加强

国家有关部委制定科技、财政、人才等支撑保障碳达峰碳中和的实施

① 尹旼，谢珣子："优化碳排放统计核算体系之我见"，载《中国统计》，2022年第5期，第57–58页。

② 国家发展改革委办公厅：《国家发展改革委办公厅关于印发首批10个行业企业温室气体排放核算方法与报告指南（试行）的通知》，2013年10月15日，http://www.gov.cn/zwgk/2013-11/04/content_2520743.htm。

③ 国家发展改革委办公厅：《国家发展改革委办公厅关于印发第二批4个行业企业温室气体排放核算方法与报告指南（试行）的通知》，2014年12月3日，https://www.ndrc.gov.cn/xxgk/zcfb/tz/201502/t20150209_963759.html。

④ 国家发展改革委办公厅：《国家发展改革委办公厅关于印发第三批10个行业企业温室气体核算方法与报告指南（试行）的通知》，2015年7月6日，https://www.ndrc.gov.cn/xxgk/zcfb/tz/201511/t20151111_963496.html。

⑤ 黄俊勇，刘世锦："碳标签推广应用的国际经验与中国策略"，载《改革》，2023年第348卷第2期，第62–74页。

方案，都将碳排放统计核算作为其中重要内容。在财政方面，2022 年 5 月财政部印发《财政支持做好碳达峰碳中和工作的意见》，提出健全财政支持绿色低碳发展政策体系的阶段性目标，明确为碳排放统计核算提供资金保障①。在科技方面，2022 年 6 月科技部等九部门印发《科技支撑碳达峰碳中和实施方案（2022—2030 年）》，对碳监测、碳汇核算等相关的计量、卫星遥感、大数据等科技攻关提出任务要求②。在人才方面，2022 年 10 月教育部印发《绿色低碳发展国民教育体系建设实施方案》，提出“职业教育阶段逐步设立碳排放统计核算、碳排放与碳汇计量监测等新兴专业或课程”“支持职业院校根据需要在低碳建筑、光伏、水电、风电、环保、碳排放统计核算、计量监测等相关专业领域加大投入”③。2021 年 3 月，人社部、市场监管总局、国家统计局发布了 18 个新职业，其中就包括“碳排放管理员”④。2022 年 9 月，“碳管理工程技术人员”成为国家职业分类大典第二大类新职业⑤。

## 三、各部门各地方积极开展碳排放统计核算实践

在中央统一部署下，碳排放统计核算工作的资金、技术、人才等保障有所加大，各部门各地方开展了多个层面的碳排放统计核算实践，提供碳排放统计核算的相关市场服务开始出现，多个领域多个地区开始积累碳排放数据，碳排放交易等“双碳”政策的数据基础正在不断加强。

---

① 财政部：《财政支持做好碳达峰碳中和工作的意见》，2022年5月25日，https://www.gov.cn/zhengce/zhengceku/2022-05/31/content_5693162.htm。

② 科技部等：《科技支撑碳达峰碳中和实施方案（2022—2030年）》，2022年6月24日，https://www.gov.cn/zhengce/zhengceku/2022-08/18/content_5705865.htm。

③ 教育部：《教育部关于印发〈绿色低碳发展国民教育体系建设实施方案〉的通知》，2022年10月26日，https://www.gov.cn/zhengce/zhengceku/2022-11/09/content_5725566.htm。

④ 人力资源社会保障部：《人力资源社会保障部、国家市场监督管理总局、国家统计局联合发布集成电路工程技术人员等18个新职业》，2021年3月19日，https://www.gov.cn/xinwen/2021-03/19/content_5593787.htm。

⑤ 生态环境部：《中国应对气候变化的政策与行动2022年度报告》，2022年10月27日，https://www.mee.gov.cn/ywgz/ydqhbh/syqhbh/202210/t20221027_998100.shtml。

### （一）地方和行业开展碳排放统计核算探索

我国早在 2011 年就开展了北京、天津、上海、广东等省市的碳排放权交易试点，其中就包括碳排放统计核算（见附表 11–2）。2020 年“双碳”目标提出，碳排放交易等“双碳”政策体系快速发展，推动碳排放统计核算也加快发展。2021 年，全国碳排放交易市场正式运行，2225 家发电企业参与，这些企业按照《企业温室气体排放核算与报告指南 发电设施》开展碳排放统计核算。核算边界为用于生产的发电设施，根据企业各类化石燃料活动水平及其对应的二氧化碳排放因子等生产信息和数据，逐台核算机组碳排放量，并汇总得到重点排放单位年度碳排放量。例如，2022 年，中国神华能源股份有限公司依据生态环境部《企业温室气体排放核算方法与报告指南 发电设施》等标准或技术规范，核算碳排放量，排放设施包括锅炉、燃气轮机等，以及购入使用电力的发电设备等，核算得出碳排放总量 1.764 亿吨二氧化碳当量①。同时，国家有关部门也在鼓励重点排放单位对燃煤元素碳含量等参数开展实测，对未开展实测的采用缺省值替代。据统计，2019 年、2020 年实测机组经核查碳排放量占当年碳排放总量的比例分别达到 66%、93%②。

### （二）碳排放统计核算的信息管理系统建立并运行

生态环境部加强碳排放统计核算的信息管理系统基础设施与能力建设。一是建设完成全国碳排放权注册登记系统与交易系统。推动湖北省、上海市分别牵头组建全国碳排放权注册登记机构和交易机构，支撑全国碳市场第一个履约周期顺利收官并持续运行至今。截至 2021 年 12 月 31 日，为重点排放单位和省级生态环境主管部门提供服务约 13 万次，有力保障全国碳市场健康平稳运行③。二是建设完成碳排放数据报送与监管系统。

① 中国神华能源股份有限公司：《2022年环境、社会责任和公司治理报告》，2023年3月27日。
②③ 中华人民共和国生态环境部：全国碳排放权交易市场第一个履约周期报告，2022年12月。

2019 年，生态环境部依托环境管理信息平台建设全国碳排放数据报送与监管系统，并于 2020 年底正式上线运行[①]。支持地方各级生态环境主管部门在线组织重点排放单位清单生成、完成核查与监管。

### （三）碳排放统计核算市场主体不断增加

我国碳排放交易市场启动以来，碳排放统计核算、核查的第三方服务机构加快发展。例如，2022 年，北京市有 17 家第三方核查机构承担碳排放核查任务[②]，深圳市有 11 家第三方核查机构完成备案[③]。2021 年，上海、重庆和广东承担碳排放核查任务的第三方机构共 58 家[④⑤⑥]。这些第三方机构在开展企业碳排放核查的同时，也会承接碳排放企业的统计核算业务。一些软件公司开发了碳排放统计核算的程序工具，为碳排放统计核算提供了软件支持。例如，某互联网公司开发的碳排放统计核算软件，内置国家相关部门发布的各行业核算指南模板，整合国内外多种碳排放参数库和排放因子库，为企业提供方便快捷的碳排放统计核算工具。

### （四）加强碳排放数据核查和质量管理

2021 年 3 月，生态环境部出台《企业温室气体排放报告核查指南（试

---

① 中华人民共和国生态环境部：全国碳排放权交易市场第一个履约周期报告，2022年12月。

② 北京市生态环境局：《北京市生态环境局关于公布2022年北京试点碳市场核查工作质量评估情况的通告》，2023年2月8日，http://sthjj.beijing.gov.cn/bjhrb/index/xxgk69/zfxxgk43/fdzdgknr2/325924085/326031828/index.html。

③ 深圳市市场监督管理局：《深圳市市场监督管理局关于深圳市2022年碳排放核查员及核查机构备案名录的公告》，2022年3月15日，http://amr.sz.gov.cn/xxgk/qt/tzgg/content/post_9619018.html。

④ 上海市生态环境局：《上海市生态环境局关于对本市碳排放交易企业开展2021年度核查工作的通知》，2022年11月18日，https://sthj.sh.gov.cn/hbzhywpt2025/20221121/c21d4b798de94471b774f7f80f1d947f.html。

⑤ 重庆市生态环境局：《重庆市生态环境局关于2021年度核查技术服务机构碳排放核查工作质量评价结果的通知》，2022年1月17日，https://sthjj.cq.gov.cn/zwgk_249/zfxxgkml/zcwj/qtwj/202302/t20230210_11592243.html。

⑥ 广东省生态环境厅：《广东省生态环境厅关于公布2021年度全国及广东省碳排放权交易企业核查工作考评结果的通知》，2023年3月24日，http://gdee.gd.gov.cn/shbtwj/content/post_4142103.html。

行）》，对碳排放数据的核查原则和依据、核查程序和要点、核查复核以及信息公开等内容作出规定。省级生态环境主管部门每年度组织开展对重点排放单位温室气体排放报告相关内容的核查，核查结果作为重点排放单位碳排放配额清缴的依据。为加强碳排放数据质量监督管理，2021 年 10 月，生态环境部发布《关于做好全国碳排放权交易市场数据质量监督管理相关工作的通知》，要求省级生态环境主管部门对本行政区域内重点排放单位 2019 年度和 2020 年度排放报告和核查报告进行全面自查，对燃料消耗量、元素碳含量等重点参数获取的规范性、真实性进行重点核实，对核查技术服务机构的公正性、规范性、科学性进行评估，并向社会公开。与此同时，生态环境部制订专项工作方案，组织开展全国碳排放报告质量专项监督帮扶，对 401 家重点排放单位及其关联的 35 家技术服务机构开展异地交叉检查，向社会公开典型问题案例。市场监管总局、国务院国资委根据生态环境部移交的问题线索开展了相关整治、督办工作。多部门协同严厉打击碳排放数据弄虚作假行为，切实发挥警示震慑作用，产生了积极的社会影响[①]。

## 四、碳排放统计核算存在薄弱环节

我国碳排放统计核算数据在一定程度上存在不全面、不及时、可比性弱等不足。碳达峰碳中和政策执行不深入，统计核算标准不健全、对碳排放统计核算第三方服务机构的监管不到位等因素，影响着碳排放统计核算的快速发展。

一是碳排放统计核算的方法标准不健全。当前统一的碳排放统计核算

① 中华人民共和国生态环境部：全国碳排放权交易市场第一个履约周期报告，2022年12月。

体系尚未建立，不同地区和部门在核算过程中采用的标准规范不尽相同，特别是碳排放因子的及时性、科学性、合理性还不够高。以电力排放因子为例，在全国碳排放交易市场中，发电企业统一采取生态环境部发布的全国电网评价排放因子。2022 年生态环境部发布的全国电网平均排放因子为 0.5703 吨二氧化碳 / 兆瓦时[①]，但不同发电企业的设备情况、工艺水平、绿电使用情况等存在差异，采用同一个排放因子计算碳排放数据，在一定程度上影响数据可比性。

二是碳排放统计核算的人才资金保障滞后。首先，专业技术人才的供给滞后于碳排放统计核算的业务需求。碳达峰碳中和目标的提出使得我国对碳排放统计核算专业人才的需求量急速攀升，而人才培养、职业教育又有一定周期，当前碳排放统计核算专业人才供给不足。不少基层统计部门尚未设置碳排放统计的专门业务室，也没配备相应的碳排放统计专门人员。排放企业直接从事碳排放统计核算工作的人员也少，具备的碳排放统计核算相关知识较少。其次，碳排放统计核算有赖于大量的数据收集、处理和分析工作，尚缺乏足够的资金支持。

三是监管机构对碳排放统计核算第三方机构的监管能力有待提高。当前不少的碳排放统计核算第三方机构为企业提供碳排放统计核算和数据报告核查服务，严格的市场监管至关重要。首先，对于那些为企业提供碳排放统计核算服务的第三方机构，监管机构尚缺乏监管的法律法规依据。其次，企业的碳排放数据主要依赖于企业自主报告。在一些地区，监管机构缺乏足够的专业力量和知识去核实这些数据。此外，碳排放数据的信息披露和公开都还处于起步阶段，也难以发挥公众的监督作用。

---

① 生态环境部办公厅：《关于做好2023—2025年发电行业企业温室气体排放报告管理有关工作的通知》，2023-02-07，https://www.mee.gov.cn/xxgk2018/xxgk/xxgk06/202302/t20230207_1015569.html。

# 五、碳排放统计核算的国际经验

国际社会主要通过碳排放监测报告核查制度来监测和评估碳排放水平。1996年《联合国气候变化框架公约》(UNFCCC)第二次缔约方会议首次提出碳排放监测报告核查制度，包括监测(Monitoring)、报告(Reporting)与核查(Verification)三个环节。监测是指通过统计核算或设备监测，收集排放源的碳排放水平；报告是指按照一定的规范样式将收集到的数据进行整理和呈现，向相关部门报送和对外披露；核查是对报告的内容进行独立的验证和审查，通常由独立的第三方机构开展，以确保报告的准确性和一致性。国际上开展的碳排放监测报告核查积累了不少经验，对我国完善碳排放统计核算制度具有启示意义。

## (一)欧盟重视碳排放监测报告核查的法律体系建设

欧盟最早开展碳排放交易，目前其碳排放权交易体系运行较为成熟，碳排放监测报告核查体系在其中发挥了重要的基础作用。欧盟碳排放权交易体系下的碳排放监测报告核查体系是在欧洲议会和理事会2003/87/EC[①]指令下建立的。在技术指南方面，欧盟委员会制定了《温室气体排放监测和报告指南》(Monitoring and Reporting Directive)，要求欧盟成员国和涉及温室气体排放的企业要监测、报告和核查其排放量。该指南是欧盟碳排放监测报告核查体系的基础法规之一，可以确保参与方按照一致的标准和方法进行碳排放监测和报告。在核查方面，欧盟专门制定了“关于温室气体排放报告及核查机构的认证”的No.600/2012条例，对第三方核查机构进

---

① DIRECTIVE 2003/87/EC OF THE EUROPEAN PARLIAMENT AND OF THE COUNCIL.2003年10月13日，https://eur-lex.europa.eu/legal-content/EN/TXT/?uri=CELEX%3A32003L0087。

行监管，确保成员国核查制度统一，增强核查报告可比性[①]。此外，欧盟制定《责任分担条例》（Effort Sharing Regulation），针对欧盟碳排放交易体系之外的部门，如交通、农业、建筑等，设立减排目标，并要求成员国建立相应的监测和报告机制[②]，这也是欧盟扩大碳排放监测报告核查体系覆盖范围的重要措施。

### （二）美国建立起较为完善的碳排放监测报告核查规范标准

美国环境保护署（EPA）在温室气体监测和报告方面发挥重要作用，制定了一系列的监管措施，要求大型温室气体排放源定期报告其排放数据，其中最主要的法规是2009年颁布的《温室气体报告规则》（Greenhouse Gas Reporting Program）[③]，规定了温室气体报告范围，包括电力行业、石油和天然气系统、化学品生产、水处理厂、废物处理和废弃物处理等；规定了直接排放源（如烟囱排放）、间接排放源（如购买的电力）以及有关温室气体产生、使用和转移（如化学品生产中的溶剂使用）活动的温室气体排放报告方式；规定了验证和核查温室气体排放报告的第三方审核、内部审核、方法论验证等内容。

### （三）日本注重碳排放数据共享和公开

日本政府于1998年出台《全球变暖对策推进法》（Act on Promotion of Global Warming Countermeasures），提出开展温室气体排放量测算、报

---

① legislation.gov.uk.Commission Regulation (EU) No 600/2012.2023年5月16日，https://www.legislation.gov.uk/eur/2012/600/contents#。

② European Commission. Effort sharing 2021-2030: targets and flexibilities. 2023年5月15日，https://climate.ec.europa.eu/eu-action/effort-sharing-member-states-emission-targets/effort-sharing-2021-2030-targets-and-flexibilities_en。

③ EPA. Learn About the Greenhouse Gas Reporting Program (GHGRP). 2023年5月5日，https://www.epa.gov/ghgreporting/learn-about-greenhouse-gas-reporting-program-ghgrp。

告及公布制度[①]。该法要求中央政府、地方政府以及特定的排放主体对温室气体排放量进行监测、报告和核算，并进行数据共享。日本的碳排放监测报告核查体系注重信息披露，规定相关部门有义务对企业的温室气体排放量、行业类别等信息进行收集，并在公众要求的情况下进行披露。

### （四）国际组织制定温室气体核算方法标准

联合国政府间气候变化专门委员会（IPCC）建构了国家层面温室气体排放源的界定规则与标准、排放因子方法学、活动水平数据采集与核算等框架，颁布了《IPCC 国家温室气体清单指南（2006 年版）》（2019 年修订），得到国际社会广泛认可。国际标准化组织（ISO）推出了《ISO 14064 温室气体核算体系：企业核算与报告标准（2011）》和《ISO 14067：2018 温室气体—产品碳足迹量化要求及指南》，引导企业以标准化方式开展温室气体排放的计量、监控、报告和验证。

## 六、完善碳排放统计核算制度的建议

完善我国碳排放统计核算制度要在习近平生态文明思想的指引下，认真贯彻落实中央关于碳达峰碳中和的决策部署，特别要推动落实建立统一规范的碳排放统计核算体系，着力攻关碳排放统计核算难题，久久为功加强碳排放统计核算能力建设，加强碳排放统计核算与国际接轨，努力提高碳排放统计核算数据质量。

---

① CAS. Act on Promotion of Global Warming Countermeasures (Act No. 117 of 1998). 2023年5月16日，https://www.cas.go.jp/jp/seisaku/hourei/data/APGWC.pdf。

### （一）推动碳达峰碳中和相关立法

碳达峰碳中和相关政策的制定和执行，是加快碳排放统计核算的直接管理需求。只有切实加强碳达峰碳中和相关政策的执行落实，才可能推动碳排放统计核算制度不断完善。要加快碳达峰碳中和相关立法，当前预备制定碳排放权交易管理暂行条例已写入《国务院2023年度立法工作计划》，要加快推动，并对碳排放统计核算支撑碳排放交易作出明确规定。同时，要完善对第三方碳排放统计核算咨询机构和核查机构的监管办法。

### （二）集中力量攻关碳排放统计核算标准规范

建立健全重点行业碳排放统计核算指南，在各地区、各行业碳排放核算实践的基础上，推动形成统一规范的碳排放统计核算方法。集中力量解决好重点行业碳排放因子不够及时、不够准确的问题，针对不同行业情况和产品特点，构建国家温室气体排放因子数据库，统筹推进排放因子测算，提高精准度，扩大覆盖范围，建立数据库常态化、规范化更新机制，逐步建立覆盖面广、适用性强、可信度高的排放因子编制和更新体系，为碳排放核算提供基础数据支撑。

### （三）形成部门合力

不断夯实统计基础，强化能源、工业等领域相关统计信息的收集和处理能力，逐步建立完善与全国及省级碳排放统计核算要求相适应的活动水平数据统计体系。加强行业碳排放统计监测能力建设，健全电力、钢铁、有色、建材、石化、化工等重点行业能耗统计监测和计量体系。加快解决各部门存在的碳排放统计核算所需的能源、矿产等基础数据“打架”的问题。

### （四）提升能力水平

提升排放企业开展碳排放统计核算的能力，加大对企业的培训力度。加强政府对碳排放统计核算第三方服务机构的培育和监管，提升碳排放统计核算服务的专业性和规范性。对于政府、企业、核查机构等相关工作人员存在故意或重大过失出具虚假、不实检测报告的行为，应当严格追究责任。重视碳排放统计核算人才培养。

### （五）加强国际合作

结合国际社会通行的碳排放监测报告核查相关标准，积极参与国际碳排放统计核算标准体系建设，提升碳排放数据国际可比性。积极与其他国家分享碳排放统计核算经验和技术，帮助其他发展中国家提升碳排放统计核算能力。鼓励企业开展碳排放统计核算相关信息系统的研发投入，推动国产碳排放统计核算软件在全球的商业化推广和应用。积极推进碳排放统计核算标准规范与国际接轨。

附表11-1　碳达峰碳中和“1+N”政策体系对碳排放统计核算制度的相关要求

| 文件名 | 机构 | 时间 | 相关要求 |
|---|---|---|---|
| 《中共中央 国务院关于完整准确全面贯彻新发展理念做好碳达峰碳中和工作的意见》 | 中共中央、国务院 | 2021年9月22日 | 健全法律法规标准和统计监测体系。完善标准计量体系。建立健全碳达峰、碳中和标准计量体系。加快完善地区、行业、企业、产品等碳排放核查核算报告标准，建立统一规范的碳核算体系。完善低碳产品标准标识制度。提升统计监测能力。加强二氧化碳排放统计核算能力建设，提升信息化实测水平。依托和拓展自然资源调查监测体系，建立生态系统碳汇监测核算体系 |
| 《2030年前碳达峰行动方案》 | 国务院 | 2021年10月24日 | 建立统一规范的碳排放统计核算体系。加强碳排放统计核算能力建设，深化核算方法研究，加快建立统一规范的碳排放统计核算体系。支持行业、企业依据自身特点开展碳排放核算方法学研究，建立健全碳排放计量体系。推进碳排放实测技术发展，加快遥感测量、大数据、云计算等新兴技术在碳排放实测技术领域的应用，提高统计核算水平。积极参与国际碳排放核算方法研究，推动建立更为公平合理的碳排放核算方法体系 |
| 《关于加快建立统一规范的碳排放统计核算体系实施方案》 | 国家发展和改革委员会、国家统计局、生态环境部 | 2022年4月22日 | 对建立健全碳排放统计核算体系提出详细实施方案 |
| 《建立健全碳达峰碳中和标准计量体系实施方案》 | 市场监督管理总局、国家发展和改革委员会、工业和信息化部、自然资源部、生态环境部、住房和城乡建设部、交通运输部、中国气象局、国家林业和草原局 | 2022年10月18日 | 对碳达峰碳中和标准计量体系建设提出详细实施方案 |

续表

| 文件名 | 机构 | 时间 | 相关要求 |
|---|---|---|---|
| 《工业领域碳达峰实施方案》 | 工业和信息化部、国家发展和改革委员会、生态环境部 | 2022年7月7日 | 建立数字化碳管理体系。加强信息技术在能源消费与碳排放等领域的开发部署。促进企业构建碳排放数据计量、监测、分析体系。打造重点行业碳达峰碳中和公共服务平台，建立产品全生命周期碳排放基础数据库。构建标准计量体系。建立健全工业领域碳达峰标准体系，重点制定基础通用、碳排放核算、低碳工艺技术等领域标准。强化标准实施，推进标准实施效果评价。积极培育先进团体标准，完善标准采信机制。鼓励行业协会、企业、标准化机构等积极参与国际标准化活动，共同制定国际标准。开展工业领域关键计量测试和技术研究，逐步建立健全碳计量体系 |
| 《城乡建设领域碳达峰实施方案》 | 住房和城乡建设部、国家发展和改革委员会 | 2022年6月30日 | 建立完善法律法规和标准计量体系。完善省市公共建筑节能监管平台，推动能源消费数据共享，加强建筑领域计量器具配备和管理 |
| 《农业农村减排固碳实施方案》 | 农业农村部、国家发展和改革委员会 | 2022年5月7日 | 监测体系建设行动。完善农业农村减排固碳的监测指标、关键参数、核算方法。统筹中央和地方各级力量，优化不同区域稻田、农用地、养殖场等监测点位设置，推动构建科学布局、分级负责的监测评价体系，开展甲烷、氧化亚氮排放和农田、渔业固碳等定位监测。做好农村可再生能源等监测调查，开展常态化的统计分析。创新监测方式和手段，加快智能化、信息化技术在农业农村减排固碳监测领域的推广应用 |
| 《减污降碳协同增效实施方案》 | 生态环境部、国家发展和改革委员会、工业和信息化部、住房和城乡建设部、交通运输部、农业农村部、国家能源局 | 2022年6月10日 | 提升减污降碳基础能力。拓展完善天地一体监测网络，提升减污降碳协同监测能力。健全排放源统计调查、核算核查、监管制度，按履约要求编制国家温室气体排放清单，建立温室气体排放因子库。研究建立固定源污染物与碳排放核查协同管理制度，实行一体化监管执法。依托移动源环保信息公开、达标监管、检测与维修等制度，探索实施移动源碳排放核查、核算与报告制度 |

续表

| 文件名 | 机构 | 时间 | 相关要求 |
| --- | --- | --- | --- |
| 《有色金属行业碳达峰实施方案》 | 工业和信息化部、国家发展和改革委员会、生态环境部 | 2022年11月10日 | 健全标准计量体系。推动建立绿色用能监测与评价体系，建立完善基于绿证的绿色能源消费认证、标准、制度和标识体系 |
| 《建材行业碳达峰实施方案》 | 住房和城乡建设部、国家发展和改革委员会、工业和信息化部、生态环境部 | 2022年11月2日 | 健全标准计量体系。明确核算边界，完善建材行业碳排放核算体系。加强碳计量技术研究和应用，建立完善碳排放计量体系。推动建材行业建立绿色用能监测与评价体系，建立完善基于绿证的绿色能源消费认证、标准、制度和标识体系 |
| 《科技支撑碳达峰碳中和实施方案（2022—2030年）》 | 科学技术部、国家发展和改革委员会、工业和信息化部、生态环境部、住房和城乡建设部、交通运输部、中国科学院、中国工程院、国家能源局 | 2022年6月24日 | 加强科技创新对碳排放监测、计量、核查、核算、认证、评估、监管以及碳汇的技术体系和标准体系建设的支撑保障；<br>二氧化碳排放监测计量核查系统。提升单点碳排放监测和大气本底站监测能力，充分发挥碳卫星优势，构建空天地立体监测网络，开展动态实时全覆盖的二氧化碳排放智能监测和排放量反演。构建支撑二氧化碳排放核查与监管技术体系，研究二氧化碳排放计量评估技术，碳储量调查监测和管理决策技术，开发基于区块链技术和智能合约的数字监测、报告、核查流程，支撑监测数据质量不断提升；<br>二氧化碳排放核算技术。加强科技创新对健全二氧化碳排放核算方法体系的支撑保障，加强高精度温室气体排放因子研究与标准参考数据库建设，加强先进碳排放测量和计量方法应用，开发企业、园区、城市和重点行业等层面碳排放核算和测量技术，研究直接排放、间接排放和全生命周期排放的标准与适用范围 |

续表

| 文件名 | 机构 | 时间 | 相关要求 |
|---|---|---|---|
| 《促进绿色消费实施方案》 | 国家发展和改革委员会、工业和信息化部、住房和城乡建设部、商务部、市场监督管理总局、国管局、中直管理局 | 2022年1月18日 | 制定重点行业和产品温室气体排放标准，探索建立重点产品全生命周期碳足迹标准；<br>探索建立统计监测评价体系。探索建立绿色消费统计制度，加强对绿色消费的数据收集、统计监测和分析预测。研究建立综合与分类相结合的绿色消费指数和评价指标体系，科学评价不同地区、不同领域绿色消费水平和发展变化情况 |
| 《关于完善能源绿色低碳转型体制机制和政策措施的意见》 | 国家发展和改革委员会、国家能源局 | 2022年1月30日 | 建立清洁低碳能源资源普查和信息共享机制。加强与国土空间基础信息平台的衔接，及时将各类清洁低碳能源资源分布等空间信息纳入同级国土空间基础信息平台和国土空间规划“一张图”，并以适当方式与地方各级政府、企业、行业协会和研究机构等共享。提高可再生能源相关气象观测、资源评价以及预测预报技术能力，为可再生能源资源普查、项目开发和电力系统运行提供支撑。构建国家能源基础信息及共享平台，整合能源全产业链信息，推动能源领域数字经济发展 |
| 《财政支持做好碳达峰碳中和工作的意见》 | 财政部 | 2022年5月25日 | 健全碳排放统计核算和监管体系，完善相关标准体系，加强碳排放监测和计量体系建设 |
| 《绿色低碳发展国民教育体系建设实施方案》 | 教育部 | 2022年10月26日 | 职业教育阶段逐步设立碳排放统计核算、碳排放与碳汇计量监测等新兴专业或课程。支持职业院校根据需要在低碳建筑、光伏、水电、风电、环保、碳排放统计核算、计量监测等相关专业领域加大投入。建立校园能耗监测体系，对校园能耗数据进行实时跟踪和精准分析 |

**附表11-2　　地方开展的碳排放监测报告核查要求**

| 地区 | 实行主体 | 要求 |
| --- | --- | --- |
| 北京市[①] | 本行政区域内年综合能耗2000吨标准煤（含）以上的且在中国境内注册企业、事业单位、国家机关及其他单位 | 报告单位应当在规定的时间内按照要求向市发展改革委提交上年度碳排放报告；市发展改革委应当对符合本市规定条件的第三方核查机构予以备案，建立第三方核查机构目录库，并加强动态管理；重点排放单位应当委托目录库中的第三方核查机构对碳排放报告进行核查，并按照规定向市发展改革委报送核查报告 |
| 上海市[②] | 纳入配额管理的单位；年度二氧化碳排放量在1万吨以上但尚未纳入配额管理的排放单位 | 纳入配额管理的单位、年度碳排放量在1万吨以上但尚未纳入配额管理的排放单位，应当于每年3月31日前，编制本单位上一年度碳排放报告，并报市发展改革部门；第三方机构对纳入配额管理单位提交的碳排放报告进行核查，并于每年4月30日前，向市发展改革部门提交核查报告。市发展改革部门可以委托第三方机构进行核查，也可以由纳入配额管理的单位委托第三方机构核查 |
| 广东省[③] | 年排放二氧化碳1万吨及以上的工业行业企业，年排放二氧化碳5000吨以上的宾馆、饭店、金融、商贸、公共机构等单位为控制排放企业和单位；年排放二氧化碳5000吨以上、1万吨以下的工业行业企业为要求报告的企业 | 控排企业和单位、报告企业应当按规定编制上一年度碳排放信息报告，报省生态环境部门。控排企业和单位应当委托核查机构核查碳排放信息报告，配合核查机构活动，并承担核查费用 |

① 北京市人民政府：北京市人民政府关于印发《北京市碳排放权交易管理办法（试行）》的通知，2014年7月3日，https://www.beijing.gov.cn/zhengce/zfwj/zfwj/szfwj/201905/t20190523_72655.html。

② 上海市人民政府：上海市碳排放管理试行办法，2013年11月18日，https://www.shanghai.gov.cn/nw31294/20200820/0001-31294_37414.html。

③ 广东省生态环境厅：广东省碳排放管理试行办法，2020年11月19日，http://gdee.gd.gov.cn/gkmlpt/content/3/3130/post_3130496.html#3157。

续表

| 地区 | 实行主体 | 要求 |
| --- | --- | --- |
| 深圳市[①] | 基准碳排放筛查年份期间任一年度碳排放量达到3000吨二氧化碳当量以上的碳排放单位；市生态环境主管部门确定的其他碳排放单位 | 重点排放单位应当根据碳排放量化与报告技术规范编制上一年度的碳排放报告，于每年3月31日前向市生态环境主管部门提交；碳排放报告所涉数据的原始数据凭证和管理台账应当至少保存5年。市生态环境主管部门组织开展对年度碳排放报告的核查，可委托具有相应能力的第三方核查机构提供核查、复核服务 |
| 天津市[②] | 钢铁、化工、电力、热力、石化、油气开采等重点排放行业和民用建筑领域中2009年以来排放二氧化碳2万吨以上的企业或单位 | 制定企业碳排放报告指南，建立纳入企业碳排放报告和核查制度，明确第三方核查机构的工作流程。纳入企业在提交碳排放报告时一并提交第三方核查报告 |
| 湖北省[③] | 年综合能源消费量6万吨标准煤及以上的工业企业 | 每年2月份最后一个工作日前，纳入碳排放配额管理的企业应当向主管部门提交上一年度的碳排放报告；主管部门委托第三方核查机构对纳入碳排放配额管理的企业的碳排放量进行核查 |
| 重庆市[④] | 年度温室气体排放超过一定规模的，纳入重点排放单位名录，实行动态管理 | 重点排放单位应当根据碳排放量化与报告技术规范编制上一年度的碳排放报告，于每年4月30日前向市生态环境局提交；碳排放报告所涉数据的原始记录和管理台账应当至少保存5年。市生态环境局组织开展对年度碳排放报告的核查，可委托技术服务机构提供核查服务 |

资料来源：课题组根据相关资料整理。

① 深圳市人民政府：深圳市碳排放权交易管理办法，2022年5月29日，http://www.sz.gov.cn/gkmlpt/content/10/10038/mpost_10038558.html#748。

② 天津市人民政府办公厅：天津市碳排放权交易试点工作实施方案，2013年2月5日，https://www.tj.gov.cn/zwgk/szfgb/qk/2013/4_3280/202005/t20200520_2475580.html。

③ 湖北省人民政府：湖北省碳排放权管理和交易暂行办法，2014年4月4日，https://www.hubei.gov.cn/xxgk/gz/202112/t20211203_3896291.shtml。

④ 重庆市人民政府：重庆市碳排放权交易管理办法（试行），2023年2月24日，https://sthjj.cq.gov.cn/zwgk_249/zfxxgkml/hjgl/ydqhbh/202302/t20230228_11680173.html。

# 参考文献

[1] [美]比尔·盖茨. 气候经济与人类未来：比尔·盖茨给世界的解决方案[M]. 北京：中信出版社，2021.

[2] [美]丹尼尔· H. 科尔著，严厚福，王社坤译. 污染与财产权：环境保护的所有制度比较研究[M]. 北京：北京大学出版社， 2009.

[3] 国家统计局. 中国统计年鉴2022[M]. 北京：中国统计出版社，2022.

[4] [美]罗伯特·鲍德温，马丁·凯夫，马丁·洛奇. 牛津规制手册[M]. 上海：上海三联书店，2017.

[5] 碳达峰碳中和工作领导小组办公室. 碳达峰碳中和政策汇编[M]. 北京：中国计划出版社，2023.

[6] [美]托马斯· M. 斯特纳著，张蔚文，黄祖辉译. 环境与自然资源管理的政策工具[M]. 上海：上海人民出版社，2005.

[7] 习近平. 高举中国特色社会主义伟大旗帜 为全面建设社会主义现代化国家而团结奋斗——在中国共产党第二十次全国代表大会上的报告[M]. 北京：人民出版社，2022.

[8] 谢伏瞻，庄国泰主编. 应对气候变化报告（2021）——碳达峰碳中和专辑[M]. 北京：社会科学文献出版社，2021.

[9] 中国长期低碳发展战略与转型路径研究课题组，清华大学气候变化与可持续发展研究院. 读懂碳中和：中国2020–2050年低碳发展行动路线图[M]. 北京：中信出版社，2021.

[10] 中国石化集团经济技术研究院有限公司. 中国能源展望2060[M]. 北京：中国石化出版社，2022.

[11] 中金公司研究部，中金研究院. 碳中和经济学：新约束下的宏观与行业趋势[M]. 北京：中信出版社，2021.

[12] 朱隽. 金融支持碳达峰、碳中和[M]. 北京：中信出版社，2022.

[13] 常纪文，田丹宇. 应对气候变化法的立法探究[J]. 中国环境管理，2021（13）：2.

[14] 陈健鹏. 温室气体减排政策：国际经验及对中国的启示——基于政策工具演进的视角[J]. 中国人口·资源与环境，2012，22（9）：26–32.

[15] 陈健鹏，高世楫，李佐军. “十三五”时期中国环境监管体制改革的形势、目标与若干建议[J].中国人口·资源与环境，2016，26（11）：1–9.

[16] 何建坤. 我国低碳发展的创新之路[J]. 中国科技产业，2013（2）：26–31.

[17] 黄冬娅，杨大力. 考核式监管的运行与困境：基于主要污染物总量减排考核的分析[J]. 政治学研究，2016（4）：101–112，128.

[18] 黄晶，孙新章，张贤. 中国碳中和技术体系的构建与展望[J].中国人口・资源与环境，2021，31（9）：24–28.

[19] 黄俊勇，刘世锦. 碳标签推广应用的国际经验与中国策略[J]. 改革，2023，348（2）：62–74.

[20] 李继峰，郭焦锋，高世楫，等. 我国实现2060年前碳中和目标的路径分析[J]. 发展研究，2021（4）：37–47.

[21] 李继峰，郭焦锋，高世楫，等. 国家碳排放核算工作的现状、问题及挑战[J].发展研究，2020（6）：9–14.

[22] 田丹宇，柴麒敏，刘伯翰. 欧洲议会涉气候法案的内容与经验借鉴[J].气候变化研究进展，2023，19（2）：249–257.

[23] 王灿，丛建辉，王克，等. 中国应对气候变化技术清单研究[J]. 中国人口・资源与环境，2021，31（3）：1–12.

[24] 王文军，赵黛青，陈勇. 我国低碳技术的现状、问题与发展模式研究[J]. 中国软科学，2011（12）：84–91.

[25] 魏一鸣, 余碧莹, 唐葆君, 等. 中国碳达峰碳中和时间表与路线图研究[J]. 北京理工大学学报（社会科学版）, 2022, 24(4): 13–26.

[26] 尹旼，谢珣子. 优化碳排放统计核算体系之我见[J]. 中国统计，2022（5）：57–58.

[27] 张希良，黄晓丹，张达，等. 碳中和目标下的能源经济转型路径与政策研究[J]. 管理世界，2022（1）：35–51.

[28] 波士顿咨询. 中国气候路径报告：承前启后、坚定前行[R]. 2020.

[29] 国家发展改革委能源研究所. 碳中和目标下的能源和经济转型路径[R]. 2020.

[30] 联合国政府间气候变化专门委员会. 气候变化2021：自然科学基础[R]. 剑桥大学出版社，2021.

[31] 联合国政府间气候变化专门委员会. 气候变化2022：减缓气候变化[R]. 剑桥大学出版社，2022.

[32] 能源基金会，清华大学气候变化与可持续发展研究院. 中国长期低碳发展战略与转型路径研究综合报告[R]. 2021.

[33] 能源基金会. 中国碳中和综合报告2020——中国现代化的新征程：“十四五”到碳中和的新增长故事[R]. 2020.

[34] 落基山研究所，能源转型委员会.电力增长零碳化（2020—2030）：中国实现碳中和的必经之路[R]. 2021.

[35] 生态环境部. 中国应对气候变化的政策与行动2022年度报告[R]. 2022.

[36] 生态环境部. 中华人民共和国气候变化第二次两年更新报告[R]. 2018.

[37] 世界自然研究所. 零碳之路：“十四五”开启中国绿色发展新篇章[R]. 2020.

[38] 中国国际发展知识中心. 全球发展报告[R]. 2022年6月.

[39] 中国神华能源股份有限公司. 2022年环境、社会责任和公司治理报告[R]. 2023.

[40] 中华人民共和国生态环境部. 全国碳排放权交易市场第一个履约周期报告[R]. 2022.
[41] 北京市生态环境局. 北京市生态环境局关于公布2022年北京试点碳市场核查工作质量评估情况的通告[EB/OL]. http://sthjj.beijing.gov.cn/bjhrb/index/xxgk69/zfxxgk43/fdzdgknr2/325924085/326031828/index.html，2023-02-08.
[42] 财政部. 财政支持做好碳达峰碳中和工作的意见[EB/OL]. https://www.gov.cn/zhengce/zhengceku/2022-05/31/content_5693162.htm，2022-05-25.
[43] 重庆市生态环境局. 重庆市生态环境局关于2021年度核查技术服务机构碳排放核查工作质量评价结果的通知[EB/OL]. https://sthjj.cq.gov.cn/zwgk_249/zfxxgkml/zcwj/,2022-06-16.
[44] 广东省生态环境厅. 广东省生态环境厅关于公布2021年度全国及广东省碳排放权交易企业核查工作考评结果的通知[EB/OL]. http://gdee.gd.gov.cn/shbtwj/content/ post_4142103.html，2023-03-24.
[45] 国家发展改革委办公厅. 国家发展改革委办公厅关于印发第二批4个行业企业温室气体排放核算方法与报告指南（试行）的通知[EB/OL]. https://www.ndrc.gov.cn/xxgk/ zcfb/tz/201502/t20150209_963759.html，2014-12-03.
[46] 国家发展改革委办公厅. 国家发展改革委办公厅关于印发第三批10个行业企业温室气体核算方法与报告指南（试行）的通知[EB/OL]. https://www.ndrc.gov.cn/xxgk/zcfb/tz/201511/t20151111_963496.html，2015-07-06.
[47] 国家发展改革委办公厅. 国家发展改革委办公厅关于印发首批10个行业企业温室气体排放核算方法与报告指南（试行）的通知[EB/OL]. http://www.gov.cn/zwgk/2013- 11/04/content_2520743.htm，2013-10-15.
[48] 教育部.教育部关于印发《绿色低碳发展国民教育体系建设实施方案》的通知[EB/OL]. https://www.gov.cn/zhengce/zhengceku/2022-11/09/content_5725566.htm，2022- 10-26.
[49] 科技部等. 科技支撑碳达峰碳中和实施方案（2022—2030年）[EB/OL]. https://www. gov.cn/zhengce/zhengceku/2022-08/18/content_5705865.htm，2022-06-24.
[50] 人力资源社会保障部. 人力资源社会保障部、国家市场监督管理总局、国家统计局联合发布集成电路工程技术人员等18个新职业[EB/OL]. https://www.gov.cn/xinwen/2021-03/19/content_5593787.htm，2021-03-19.
[51] 上海市生态环境局.上海市生态环境局关于对本市碳排放交易企业开展2021年度核查工作的通知[EB/OL]. https://sthj.sh.gov.cn/hbzhywpt2025/20221121/c21d4b798de94471b774f7f80f1d947f.html，2022-11-18.
[52] 深圳市市场监督管理局. 深圳市市场监督管理局关于深圳市2022年碳排放核查员及核查机构备案名录的公告[EB/OL]. http://amr.sz.gov.cn/xxgk/qt/tzgg/content/ post_9619018.html，2022-03-15.
[53] 生态环境部办公厅. 关于做好2023—2025年发电行业企业温室气体排放报告管理有关工作的通知[EB/OL]. https://www.mee.gov.cn/xxgk2018/xxgk/xxgk06/202302/t20230207_1015569.html，2022-02-07.

[54] 中国这十年：我国成功进入创新型国家行列[ EB/ OL]. https:// www.gov.cn/ xinwen/2022–06/07/content_5694355.htm.qtwj/202302/t20230210_11592243.html，2022–01–17.

[55] IPCC. Sixth Assessment Report on Climate Change 2022: Mitigation of Climate Change[M]. IPCC Working Group III, 2022.

[56] Machado, D., Y. Qu and M. Cervantes. Innovation Policies for Sustainable Development: Low–Carbon Energy and Smart–City Initiatives[M], OECD Publishing, OECD Science, Technology and Industry Policy Papers, No. 80.

[57] Mazzucato, M. Mission Economy: a moonshot guide to changing capitalism[M]. Penguin, Allen Lane：Penguin, London, 2021.

[58] Salamon, L.. The Tools of Government: A Guide to the New Governance[M]. Oxford University Press, 2002.

[59] Acemoglu，D., Philippe Aghion, Leonardo Bursztyn and David Hemous. The Environment and Directed Technical Change[J]. American Economic Review, 2012, 102(1), pp. 131 – 166.

[60] Friedlingstein,P., et al. Global Carbon Budget 2022[J]. Earth System Science Data 14(11):4811–4900.

[61] G ü tschow, J.; Pfl ü ger, M. The PRIMAP–hist national historical emissions time series[J]. v2.4 (1750–2021). zenodo. doi:10.5281/zenodo.7179775, 2022. <br>G ü tschow, J.; Jeffery, L.; Gieseke, R.; Gebel, R.; Stevens, D.; Krapp, M.; Rocha, M. The PRIMAP–hist national historical emissions time series[J]. Earth Syst. Sci. Data, 8, 571–603, doi:10.5194/essd–8–571–2016, 2016.

[62] Lehmann, P., Söderholm, P. Can Technology–Specific Deployment Policies Be Cost–Effective? The Case of Renewable Energy Support Schemes[J]. Environmental and Resource Economics, 2018, 71, 475–505.

[63] Mazzucato, M..Mission Oriented Innovation Policy: Challenges and Opportunities[J]. Industrial and Corporate Change, 2018, 27 (5): 803–815.

[64] [Wang, F. , et al. Technologies and Perspectives for Achieving Carbon Neutrality[J]. The Innovation,2021,2(4):1–22.

[65] Betz, Regina, et al.. The Carbon Market Challenge：Preventing Abuse Through Effective Governance[R]. 2022.

[66] Energy Transition Commission. Making Mission Possible: Delivering a Net–Zero Economy[R]. 2020.

[67] Energy Transition Commission, Rocky Mountain Institute. China 2050: A Fully Developed Rich Zero–Carbon Economy[R]. 2019.

[68] International Energy Agency. An Energy Sector Roadmap to Carbon Neutrality in China[R]. 2021.

[69] International Energy Agency. Energy Technology Perspectives 2020[R]. 2021.

[70] International Energy Agency. World Energy Outlook 2021, [R]. 2021.

[71] International Monetary Fund. G20 Background Report: Reaching Net Zero Emissions[R]. 2021.

[72] International Renewable Energy Agency. China's Route to Carbon Neutrality: Perspectives and the Role of Renewables[R]. 2022.

[73] International Renewable Energy Agency. World Energy Transitions Outlook: 1.5℃Pathway 2021[R]. 2021.

[74] UN Principles of Responsible Investment. Delivering Carbon Neutrality in China [R]. 2021.

[75] World Bank Group. China Country Climate and Development Report[R]. 2022.

[76] World Bank. State and Trends of Carbon Pricing 2021[R]. 2021.

[77] CAS. Act on Promotion of Global Warming Countermeasures (Act No. 117 of 1998) [EB/OL]. https://www.cas.go.jp/jp/seisaku/hourei/data/APGWC.pdf, 2023–05–16.

[78] EPA. Learn About the Greenhouse Gas Reporting Program (GHGRP) [EB/OL]. https://www.epa.gov/ghgreporting/learn–about–greenhouse–gas–reporting–program–ghgrp, 2023–05–05.

[79] European Commission. DIRECTIVE 2003/87/EC OF THE EUROPEAN PARLIAMENT AND OF THE COUNCIL. [EB/OL]. https://eur–lex.europa.eu/legal–content/EN/TXT/?uri=CELEX%3A32003L0087, 2003–10–13.

[80] European Commission. Effort sharing 2021–2030: targets and flexibilities [EB/OL]. https://climate.ec.europa.eu/eu–action/effort–sharing–member–states–emission–targets/effort–sharing–2021–2030–targets–and–flexibilities_en, 2023–05–15.

[81] UK. Legislation.gov.uk.Commission Regulation (EU) No 600/2012. [EB/OL]. https://www.legislation.gov.uk/eur/2012/600/contents#, 2023–05–16.

## 说明与致谢

实现碳达峰碳中和是一场广泛而深刻的经济社会系统性变革，要以经济社会发展全面绿色低碳转型为引领。本书出版以期引起各界从经济社会发展全面绿色低碳转型的角度理解和认识碳达峰碳中和。全书分十一章，第一章执笔人为隆国强、高世楫、郭焦锋、李继峰、韩雪、俞敏、王海芹、熊小平、洪涛；第二章执笔人为陈文颖、李继峰、王海林；第三章执笔人为高世楫、李继峰、韩雪；第四章执笔人为李继峰、韩雪；第五章执笔人为高世楫、韩雪、俞敏；第六章执笔人为熊小平；第七章执笔人为吴振宇、石光、唐朝；第八章执笔人为常纪文、田丹宇；第九章执笔人为常纪文、林翎、孙亮、李鹏程；第十章执笔人为陈健鹏、熊小平、高世楫；第十一章执笔人为王海芹、黄俊勇。高世楫、李继峰、王海芹对全书作了统稿。

研究碳达峰碳中和离不开跨领域、跨学科的综合支撑。在研究过程中，参与此项研究的合作机构及其专家，完成了大量专题研究报告，为课题作出重要贡献，在此一并致谢，分别是：国家发展和改革委员会能源研究所（钟财富、时璟丽、姜克隽、姚明涛）、自然资源部信息中心（郭娟）、中国地质科学院（高天明）、生态环境部环境与经济政策研究中心（田春秀、李丽平、李媛媛、姜欢欢）、国家应对气候变化战略研究和国际合作中心（田丹宇）、中国信息通信研究院（卢春阳）、中国自然资源经济研究院（陈甲斌、刘超、冯丹丹、聂宾汗）、交通运输部规划研究院（黄全胜、吴睿、李晓易、谭晓雨、王人洁、徐洪磊、杨文银、陈璟、蒋斌、刘长俭、邵洁、王英平、袁春毅、刘增军、耿彦斌）、中国标准化研究院（林翎、孙亮、李鹏程）、中国科学院科技战略咨询研究院（曾桉、刘昌新、苏利阳）、清华大学（张希良、朱兵、陈文颖、张永伟、周丽、顾阿伦、朱晋、张健、张芳、张绚、陈定江、刘琳、徐铭浩、任钰成、任子健、王晨、王海林、潘勋章）、中国人民大学（周景博）、北京师范大学（张九天、刘兰翠、常影、宋晓娜、李睿男）、中央财经大学（白彦锋、张明昂、刘金科、李泳禧、王婕、陈珊珊）、华北电力大学（刘敦楠、加鹤萍、袁家海、张健）、中国农业大学（孙玉梅）、中国煤炭经济研究会（秦容军）、国网能源研究院有限公司（张宁、张超）、中国石化集团经济技术研究院有限公司（柯晓明、乞孟迪）、中国煤炭科工集团有限公司（任世华）、中国建筑材料科学研究总院（王华）、上海市人民政府发展研究中心（周国平、王丹、彭颖、柴慧、张靓、谷金）、重庆市人民政府发展研究中心（吕红、许君、孙贵艳、董楠娅）、南京扬子江生态文明创新中心（李爱民、朱林、刘志波、陈讯、高小娟、牛淑锋、周凝、江姝瑶）、福建省人民政府发展研究中心（雷勇、朱四海、蔡建煌、杜翼、项康利、李源非、李益楠、施鹏佳）、云南省人民政府发展研究中心（赵泽宽、喻江东、汪玲、陆峰、张俊敏）、山东省科学院生态研究所（许崇庆、闫桂焕、白明、孔桂香、郝晴）、国网北京市电力公司经济技术研究院（邓华、张璞、秦冰、刘景延、郭思琪）、国网福建省电力有限公司经济技术研究院（胡献政、何燊、陈锦泉、曾飞凡）、伦敦政治经济学院（张荆）等。